D1933317

sdv

Flensburger Förde

DK
Gravenstein
Alsensund
Sonderburg
ALSEN
Düppel
Egernsund
Broacker
8
Rinkenis
Sonderburger
Bucht
Kekenis
Krusau
Kollund
Innenförde
Holnis
Glücksburg
Außenförde
A 7
B 199
Bockholmwik
Langballig
Westerholz
Flensburg
Neukirchen
Geltinger
Bucht
Birk
Scheersberg
Steinberg-
kirche
Gelting
Husby
Sterup
Sörup
D
ANGELN

Flensburger Förde

Impressionen einer unentdeckten Landschaft

Text: Anne Leier

sdv Schleswiger Druck- und Verlagshaus

CIP-Kurztitelaufnahme der Deutschen Bibliothek
Flensburger Förde:
Impressionen einer unentdeckten Landschaft /
Text Anne Leier – Schleswig:
Schleswiger Druck- u. Verlagshaus, 1986.
ISBN 3-88242-094-4
NE: Leier, Anne [Bearb.]

Copyright by
Schleswiger Druck- und Verlagshaus, Schleswig, 1986
Layout: Udo Brandhorst Studio, Glücksburg
Lithos: Litho- und Scannertechnik, Kiel
Herstellung: Ingo Scholz
Satz und Druck: Schleswiger Druck- und Verlagshaus
Bindung: Clausen & Bosse, Leck
Printed in Germany · Alle Rechte vorbehalten
Vervielfältigungen, auch auszugsweise, nur mit Genehmigung
des Verlages

Wer heute noch Gegenden entdecken will, die vom Massentourismus verschont geblieben sind, der muß weit reisen. Auch wer in das Land an der Flensburger Förde fährt, muß erst die weiten Geestflächen zwischen Nord- und Ostsee durchqueren ehe er einen ersten Blick auf hügeliges grünes Land und glitzernde Wasserflächen werfen kann. Ein Ausblick, der immer entschädigt. Denn wo gibt es einen Landstrich, der so verschwenderisch mit Wasser ausgestattet ist, daß einem fast schwindelig werden kann vor lauter Blau? Wo findet man eine solche Harmonie zwischen Wasser und Land wie in dieser bereits von Tacitus besungenen Gegend?

Doch nicht nur die weiten Wasserflächen mit den unzähligen Booten und Schiffen, den kleinen Häfen und stillen Buchten reizen das Auge – wer in die Felder und Wälder hinter den Dörfern hineinwandert, entdeckt auch ein Land, das geprägt ist von jahrhundertealter bäuerlicher Tradition. Reiche Höfe, uralte Bäume, Kirchen voller Kostbarkeiten und verwunschene Herrenhäuser und Schlösser sind überall in dem von Knicks durchzogenen Angeln versteckt. Wer dann nach Flensburg kommt, wird überrascht sein, eine Stadt vorzufinden, deren maritimes Flair in lebhaftem Einklang steht mit einer großstädtischen Geschäftigkeit, die weltoffen und humorvoll ihre alten Handelstraditionen fortsetzt.

Nur ganze drei Kilometer trennen Deutschlands nördlichste Stadt von der dänischen Grenze. Nach vielen erbitterten Auseinandersetzungen ist diese Trennlinie heute von allen akzeptiert und ein Symbol für Toleranz und Verständigung geworden. Ohnehin teilt man sich die Wasserfläche der Förde und pflegt diesseits und jenseits der Grenze einen ähnlichen Lebensstil, der geprägt ist von so viel Tradition und Gemütlichkeit, daß es sich hier immer noch vorzüglich leben und – für den Erholung suchenden Gast – göttlich Urlaub machen läßt.

Anne Leier, 1939 in Schlesien geboren, arbeitete lange Jahre als Reporterin. Sie lebt heute in Hamburg und hat bereits mehrere Bücher veröffentlicht.

Die Stadt

Das ziegelrote Flensburg

THOMAS THOMSEN
King George IV

Zwei Gesichter einer Stadt:
Das ehemalige Kapitänsviertel
St. Jürgen mit der weithin sichtbaren
Kirche und die Uferstraße mit der
für Flensburg typischen
Hangbebauung

Wer auf Stil und Tradition hält, kommt mit dem Schiff an. Niemals ist die Stadt schöner, als wenn man sie vom Wasser aus erlebt. Wie eine kunstvoll arrangierte Kulisse taucht sie auf mit ihren kleinen und großen Häusern, dem Gewirr der Masten und Kräne, den bunten Farben der Schiffsrümpfe und dem Weiß der Lagerhäuser.

Geradezu perfekt schmiegt sie sich in die auslaufende Förde, um dann an den steil aufragenden Hängen emporzuwachsen – ein Bild, das Reiseschriftsteller schon vor hundert Jahren den Vergleich mit Neapel ziehen ließ und das einen Reporter zu den Zeilen veranlaßte: »Wenn nur die warme Luft des Südens nicht fehlte, so könnte man die holdesten Orte in Thessalien und Sizilien mit dieser Talstadt vertauschen.« Denn wie in vielen südeuropäischen Städten verbindet sich auch hier der Charme der steilen Gassen und Treppen mit dem Flair einer vom Wasser geprägten Stadt, in der die Gegensätze zwischen Fernweh und Bodenständigkeit, zwischen Möwengeschrei und Rosenstöcken spürbarer sind als anderswo. Schließlich war die Grenze zwischen Seefahrern und Kaufleuten hier immer fließend. Die Flensburger haben sich stets als handeltreibende Seeleute, aber auch als zur See fahrende Handelsherren gefühlt. Wohl deshalb legten sie ihre Gärten so an, daß sie vom Kaffeetisch aus jederzeit den Hafen mit den ein- und auslaufenden Schiffen überblicken konnten. Und wenn auch die Zeiten vorbei sind, in denen fast 300 Großsegler Flensburg zum wichtigsten Umschlagplatz im gesamten Norden machten (diese maritime Vergangenheit ist heute noch im Schiffahrtsmuseum im alten Zollpackhaus zu besichtigen), so ist der Hafen doch ein lebenswichtiges Zentrum der Stadt geblieben.

Schiffe bestimmten hier immer das Bild. In der Zeit der aufkommenden Dampfschiffe wird ein Großsegler mit Schlepphilfe aus dem Hafen bugsiert.

Unzählige historische Schiffe machten während der 700-Jahr-Feier 1984 der Stadt im neuen Museumshafen an der Schiffbrücke fest

An der Fördebrücke haben die weißen Ausflugsschiffe ihre Liegeplätze. In den Hafenstraßen findet man die Schiffsausrüster und Vergnügungsetablissements, hier sind Reedereien und Speditionen ebenso angesiedelt wie die vielen Kneipen, Hotels und Restaurants, die mit seemännischem Flair und unzähligen Erinnerungsstücken ausgestattet sind. Seit Generationen vermitteln sie jene Gastlichkeit und Lebensfreude, die schon immer zu Flensburg gehört haben. Und wenn auch der Schriftsteller Graf Baudissin sich 1865 bei einem Besuch in der Stadt darüber mokierte, daß eine Sendung frischer Austern und die Lieferung eines Fasses bayerischen Bieres hier mehr Aufsehen erregten als jedes kulturelle Ereignis, so nahm man in der Fördestadt solche Kritiken gelassen hin.

Heute hat die Kunst längst den ihr gebührenden Rang. Die Kirchen-, Kammer- und Sinfoniekonzerte haben einen so hohen Standard, daß die Gäste von weither kommen, um an den Veranstaltungen teilzunehmen, und auch das 1894 erbaute prachtvolle Theater, das hoch am Berg gelegene Stadtmuseum und die verschiedenen Hochschulen und Bibliotheken sorgen für Abwechslung im kulturellen Angebot. Daß man in Flensburg dennoch gern und gut ißt und daß der Duft von Grog und Kaffee, Grünkohl und Gänsebraten ebenso zur Stadt gehört wie der ewig zerrende Wind und der rote Backstein der Häuser, schafft gerade jene Atmosphäre, in der sich auch der Gast heimisch fühlt. Und wenn er auch nur zögernd mit »Moin, moin« grüßen wird, was der Flensburger bekanntlich ja auch am Abend tut, und wenn er auch manchen verworren klingenden Satz nicht verstehen kann, weil der hiesige Dialekt eine »Fremdsprache« ist, in der »Warschau« soviel wie »Achtung« heißt und in der ein »Pjatt« ein liebenswerter Trottel ist, so wird er doch gern dem leicht singenden Tonfall zuhören, der die Nähe zu Dänemark ebenso spüren läßt wie so mancher dänisch klingende Straßen- oder Familienname.

Den Rat »Wenn Du reisen willst, mußt Du die Geschichte des Landes kennen« sollte man auch in Flensburg beherzigen. Auch hier wird man die Stadt nur begreifen, wenn man sie vor dem historischen Hintergrund von Grenzstreitigkeiten und Kriegen sieht, und wenn man versucht, das Auf und Ab der Geschichte an den Bauten und Häusern, an Märkten und Plätzen abzulesen. Denn hier, wo man bis zum Jahre 1777 nur innerhalb der schon 1345 errichteten Stadtmauer bauen durfte und wo man schon immer einen beachtlichen Fortschrittsglauben entwickelt

Seit mehr als 200 Jahren ist Flensburg die wichtigste Rum-Stadt des Kontinents. Zur Zeit der Großsegler wurden die Fässer in abenteuerlicher Fahrt in die Fördestadt gebracht und im Hafen entladen. Obwohl heute moderne Technologie auch die Rumherstellung bestimmt, reifen die besten Sorten noch immer in kunstvoll verzierten Eichenfässern

1868-1968
Hansen-Rum

hat, wurden auch die Häuser und Straßen immer wieder verändert und verformt, abgerissen und neugebaut, wobei die praktischen Flensburger die Steine aus den Abbruchhäusern für neue Bauwerke verwandten. Böse Zungen behaupten denn auch, daß die im 18. Jahrhundert abgerissene Duburg nur deshalb ein so schmähliches Ende nahm, weil man die Steine für das neue Waisenhaus brauchte.

Und so ist Flensburg denn trotz einer respektablen 700-Jahr-Feier anno 1984 keineswegs ein mittelalterliches Kleinod und bietet – anders als Rothenburg oder Lübeck – kein einheitliches Bild. Brand und Zerstörung, Krieg und Grenzkämpfe, Fortschrittsglauben und Unwissenheit haben der Stadt ein unverkennbares Gesicht gegeben, das deutliche Risse und Narben zeigt. Dennoch ist Flensburg mit einer ungewöhnlich gut erhaltenen Altstadt und der bevorzugten Lage heute eine der liebenswertesten historischen Städte im nördlichsten Bundesland. 87000 Flensburger fühlen sich hier ebenso wohl wie 100000 Touristen, die alljährlich hierher kommen. Sie erfreuen sich an den alten Holpersteingassen und den stillen Kaufmannshöfen, ärgern sich über die ständig verstopften Straßen und den viel zu abseits gelegenen Bahnhof, genießen die vielen Kirchenkonzerte und die Ausstellungen und sind, obwohl es im Jahresdurchschnitt fünfmal so viele trübe wie heitere Tage gibt, gern hier, auch wenn man von Florenz oder Venedig weiter entfernt ist als jeder andere Deutsche.

Den Zug nach Süden verspürten im übrigen bereits die Vorfahren der jetzigen Bevölkerung, die sich im 4. Jahrhundert aufmachten, um dem ständigen Regen zu entkommen. Einen Teil dieser Angeln zog es in südliche Gegenden, ein anderer Teil bestieg offene Boote und gelangte in halsbrecherischer Fahrt nach England. Hier gründeten sie zusammen mit den Sachsen das Reich der Angelsachsen. Erst im 9. Jahrhundert ließen sich an der Förde wieder Fischer nieder, die – aus Jütland kommend – bald zu bescheidenem Wohlstand gelangten. Ausdruck von Stärke und Macht ist eine Kirche, die sie im Stile der Zeit aus dicken Granitquadersteinen gebaut haben. Dieser eher bescheidenen St. Johanniskirche folgte die gewaltigere Marienkirche, später die Nikolaikirche.

Kostbarkeiten der merkantilen Tradition sind die Flensburger Kaufmannshöfe. Hinter einer schlichten Fassade öffnet sich ein langgestreckter gepflasterter Hof, der an beiden Seiten von Wirtschaftsgebäuden flankiert ist

Heute sind viele Höfe restauriert und Oasen der Stille geworden wie der Hof des Restaurants „Borgerforeningen“ oder der Brasserie-Hof. Ein Bild früherer Lebensweise geben auch die Kapitansgasse Ravnsgang in

St. Jürgen (links unten) und der Krusehof in der Roten Straße (rechts oben)

Auch die Märkte entwickelten sich schnell, und so herrschte im 14. Jahrhundert am Südermarkt ein reger Tauschhandel, bei dem schon damals das Geschäft mit den wertvollen Ochsen blühte. Vielfältige Bautätigkeit wurde zum Zeichen ständig steigenden Wohlstands, in dessen Folge die Heiliggeistkirche, mehrere Hospitäler und Klöster sowie zahlreiche Häuser und Innenhöfe gebaut wurden. Wie wichtig Flensburg damals für die dänische Krone war, zeigt auch der Bau der außerhalb der Stadtmauern gelegenen »Duburg«, die Dänenkönigin Margarethe 1411 errichten ließ, um die Pfründe Flensburg für Dänemark zu sichern.

Die einheimischen Kaufleute waren sehr vermögend. Das bezeugt nicht nur ihre Rolle als Kreditberater der dänischen Könige, sie waren auch – wie aus einer überlieferten Aufstellung der reichen Kauffrau Drude tor Smede hervorgeht – äußerst geschickte Finanziers. Zu den Hauptschuldnern der reichen Witwe gehörte immerhin der Rat der Stadt Lübeck, der sich 4000 Reichstaler bei ihr geliehen hatte. Die Reformation veränderte diese großbürgerliche Ordnung kaum, da sie den Reichtum der Kaufleute eher mehrte als schmälerte. Lästige Kredite bei der Kirche erloschen, und die großen Ländereien der Klöster gingen in den Besitz der Bürger über. So konnten nun die Flensburger auf dem Stadtfeld sehr zum Segen der eigenen Wirtschaft Buchweizen, Gerste und Hafer anbauen oder das Vieh weiden lassen, das man durch alle Jahrhunderte trotz reger Kaufmannstätigkeit immer in den Stallungen hinter dem Haus gehalten hatte. Auch in schwierigen Jahren füllten sich die Dachböden Jahr für Jahr mit wertvollem Korn, in den Kellern lagerten edle Weine, und in den großen Truhen wurde kostbares Leinen als Ausdruck des Wohlstands gestapelt.

Diesen Wohlstand zerstörte der Dreißigjährige Krieg (1618–1648) mit einem Schlag. Nachdem die Stadt viele Jahre verschont geblieben war, fielen die Truppen Wallensteins im Jahr 1627 ein und beuteten Flensburg bis auf den letzten Heller aus. Plünderungen waren während der länger als zwei Jahre dauernden Besetzung an der Tagesordnung. Die reichen Flensburger aber, allen voran der Rat der Stadt und der Bürgermeister, sahen den Verwüstungen von den nahen Inseln aus zu, wohin sie sich schnellstens zurückgezogen hatten. Es blieb den einfachen Kaufleuten und Handwerkern überlassen, die Greueltaten zu erdulden und für jeden einquartierten Söldner täglich drei Pfund Brot, zwei Pfund Fleisch und drei Maß Bier aufzubringen. Als die Truppen abzogen, war die Stadt »in abscheulicher Weise ruiniert und devatiert«, wie Dänenkönig Christian IV. schreibt, und wurde, kaum daß sie sich erholt hatte, erneut von den Kriegstruppen und diesmal von den Schweden heimgesucht. Jetzt war die Verwüstung so radikal, daß nicht nur jedes dritte Haus zerstört war, die Verarmung war auch so groß, daß die Stadt wirtschaftlich jede Bedeutung verlor, zumal die Pest viele Bürger dahingerafft hatte.

Erst Ende des 18. Jahrhunderts blühte Flensburg wieder auf, als der Handel mit Übersee der Stadt großen Reichtum bescherte. Die Schiffe der Kaufleute fuhren jetzt in die ganze Welt, der Westindienhandel blühte und brachte kostbare Güter heran. Unter all den exotischen Waren war auch ein farbloser, geschmackloser und hochprozentiger Extrakt aus der Karibik, der bei der Gewinnung von Zuckerrohr abfiel und in großen Eichenfässern in die Stadt transportiert wurde. Dieses Destillat fügte schon bald dem Ruhm Flensburgs als Handelsstadt noch einen anderen Ruf hinzu: das Image der bedeutendsten Rumstadt Europas. Jeder Importeur – meistens war er auch sein eigener Reeder – veredelte den Rum auf seine Weise, fügte ihm das gute Flensburger Wasser hinzu und gab ihm einen klingenden Namen. Nach 1900 zählte man 29 größere Hersteller, die das Getränk in den gesamten europäischen Handelsraum verschickten. Und in herbstlicher Stimmung dichtete der Rum-Freund Theodor Fontane: »Und ist auch noch so dünn der Tee, und tut Dir irgend etwas weh – Rum, Rum, dann sind gleich alle Schmerzen stumm.«

Auch in Flensburg genossen die reichen Bürger das duftende Getränk. Man hatte Geld, baute prächtige Häuser mit bis zum Hafen reichenden Kaufmannshöfen und führte ein vornehmes Patrizierleben.

Früh begannen die fortschrittlichen Flensburger mit der Industrialisierung. Fabriken, Eisengießereien und maschinell betriebene Mühlen entstanden, und die Eisenbahn wurde schon 1854 in die Stadt hineingeführt. Kanalisation, Wasserleitungen und Gasbeleuchtung lösten sprudelnde Wasserkästen, Abwasserkanäle, Eimerkompostierung und Ölfunzeln ab. Alte

Der einzige weitgehend erhaltene Kaufmannshof aus dem 16. Jahrhundert liegt am Holm 19 bis 21. Wie viele Baustile später zusammenkamen, zeigen die verzierten Giebel der Bürgerhäuser

▷

1774

Flensburg einst und jetzt. Während auf der historischen Aufnahme die Passanten würdevoll um den Neptunbrunnen herumstehen, herrscht dort heute eine lockere Stimmung vor

Häuser verschwanden und machten größeren Bauten mit klassizistischen Fassaden Platz. Ein neuer Bauboom ließ die Bevölkerungszahl von 20000 im Jahre 1864 auf 65000 im Jahre 1914 ansteigen. Doch bald drohte wieder wirtschaftliche Bedrängnis: Die Segler wurden von den Dampfschiffen verdrängt, und deren größerer Tiefgang machte die Förde als Schiffahrtsweg immer problematischer. Und als 1920 das Nordufer an Dänemark fiel und so fast die Hälfte des gesamten Hinterlandes dieser ohnehin sehr am Rande des Reiches liegenden Stadt verlorenging, war es mit der Bedeutung Flensburgs als Hafen- und Handelsplatz ziemlich vorbei. Auch der 1895 eingeweihte und allseits bejubelte Nord-Ostsee-Kanal erwies sich als Ruineur der Flensburger Schiffahrt, machte er doch den Vorteil des nahe an der Nordsee gelegenen Standorts zunichte.

Die folgenden Jahre waren denn auch bitter für die Stadt. Viele alteingesessene Firmen mußten schließen oder mit anderen Unternehmen fusionieren. Und wenn auch die Vormachtstellung auf dem Gebiet der Rumherstellung blieb, wenn auch die 1910 eingeweihte Marineschule in Mürwik der Stadt hohes Ansehen in ganz Deutschland und ein neues Stadtviertel am Südufer bescherte, so blieb Flensburg doch weit hinter seinen ehemaligen Glanzzeiten zurück. Glück hatten die Bürger dann im Zweiten Weltkrieg, als die Stadt weitgehend von Zerstörungen verschont blieb. Und das, obwohl sich die geschlagene Reichs-Regierung in den letzten Tagen des Krieges hierhin zurückgezogen und Flensburg für 20 Tage zur Hauptstadt des sich auflösenden Deutschen Reiches gemacht hatte.

FOTO · KINO · KO
SVEN
FOTO

Als Admiral Dönitz in der Marineschule Mürwik die Kapitulation unterschrieb, war die Stadt weder stark bombardiert noch ausgebrannt. Den 30000 hierhin verschlagenen Flüchtlingen bot sie ein nahezu unversehrtes Bild. »Es war schon seltsam«, erzählt eine Flensburgerin, »wie gegensätzlich die Welten waren. Denn obwohl natürlich auch wir wenig zu essen hatten, deckten wir unsere Tische mit Kristallgläsern und Silberbestecken. Die Flüchtlinge, die oft nur das nackte Leben gerettet hatten, betrachteten diese scheinbar intakte Welt mit fassungslosen Augen.«

Hoch ragt die Marineschule Mürwik über dem Wasser auf. Seit ihrer Einweihung im Jahre 1910 ist die Schule fest mit dem Leben der Stadt verbunden

Heute, da viele Flüchtlinge weitergezogen sind und die Stadt sich von 103000 auf knapp 87000 Einwohner zurechtgeschrumpft hat, sind andere Heimatvertriebene längst Flensburger geworden. Die Stadt hat sich zum drittgrößten Gemeinwesen in Schleswig-Holstein entwickelt. Die Industrie ist wieder aufgeblüht.
Bier-, Branntwein- und Rumherstellung haben einen festen Platz im Wirtschaftsleben und bieten vielen Menschen Arbeit. Vor allem in der Rumherstellung ist Flensburg führend, so daß jede zweite in Deutschland getrunkene Flasche von hier stammt.

Obwohl von den 29 alteingesessenen Firmen nur noch zwei Rum-Giganten übriggeblieben sind, und obwohl vieles ganz anders abläuft als in den Zeiten, da die Geschmacksessenzen auf kleinen Öfen nach geheimen Familienrezepten hergestellt wurden, so sind doch die alte Sorgfalt und die Liebe zu diesem Getränk geblieben. Rum wird in erster Linie als »Grog«, immer häufiger aber auch in sommerlichen Mixgetränken oder als Geschmacksträger in der Küche verwendet. Die besten Sorten werden auch heute noch in kostbaren Eichenfässern gelagert, und noch immer gehen die Kellermeister mit geheimnisvollen Mienen zwischen den verschiedenen Rummixturen umher und verkosten selber jede angesetzte Mischung. Diese Sorgfalt und die lange Tradition machen den Flensburger Rum auch heute noch zum Spitzenreiter auf dem Markt. Daß die goldgelbe Flüssigkeit kein »garstiges Zeug« ist, wie Friedrich der Große es einst bezeichnet hat, sondern mäßig genossen sogar eine Art Medizin darstellt, dafür mag das Beispiel der beiden Kellermeister der Firma Hansen-Rum stehen, die 89 und 92 Jahre alt geworden sind. Überhaupt erreicht man in Flensburg ein hohes Lebensalter – immerhin wird hier jeder dritte Bürger älter als 80 Jahre. Da Flensburg als Standort des Kraftfahrtbundesamtes und als Hochburg der Bundeswehr, die hier so stark vertreten ist wie in keiner anderen Stadt (Koblenz ausgenommen), mehr als die Hälfte aller Arbeitsplätze in Behörden und Ämtern und Kasernen hat, lebt man hier vielleicht doch eine Gangart langsamer als anderswo.

Doch Flensburg ist auch eine lebhafte Einkaufsstadt geworden, in der Einzelhandelsgeschäfte, florierende Märkte und eine neue Einkaufspassage das Bild bestimmen. Der Holm mit seinen angrenzenden Straßen und Höfen ist eine vitale Fußgängerzone, die täglich von Tausenden von Flensburgern besucht wird, in der aber auch die Dänen gern und reichlich einkaufen. Heute hört man hier

Eine der Hauptstützen der Flensburger Wirtschaft war immer der Schiffbau. Besonders die Stapelläufe aus der am Nordufer des Hafens gelegenen imposanten FSG-Montagehalle bildeten weithin beachtete Ereignisse

COPACABANA
FSG

ein buntes Gemisch aus Deutsch und Dänisch, in das sich immer häufiger bayrische und schwäbische Töne mischen. Die Pauschalangebote der Bundesbahn bringen es mit sich, daß sich südlich der Mainlinie keine rosarote Fahrt so sehr lohnt wie die nach Flensburg. Und so hat sich die »Von-bis-Stadt« (»Von Flensburg bis Konstanz«) sehr selbstbewußt zu einer modernen Großstadt entwickelt, ohne daß sie ihren ganz speziellen Reiz verloren hätte.

Gerade den vergessenen Charme der Stadt hat man in den letzten Jahren wiederentdeckt. Die alten Fassaden, die für Flensburg typischen, bis an den Hafen heranreichenden Kaufmannshöfe in der Altstadt wurden seit 1976 Haus für Haus wiederhergestellt. Die schlimmsten Abriß- und Bausünden sind beinahe schon verwunden, und der neue Stadtbaurat Wolrad Koehler sieht seine vordringliche Aufgabe darin, das historische Flensburg zu retten und zu erhalten, soweit es noch vorhanden ist. Dazu gehört aber auch eine Wiederbelebung der schönen Innenstadt. So soll jetzt auch das Viertel am Nordertor, ähnlich dem von engagierten Familien instand gesetzten St.-Jürgen-Viertel, zu einer Wohngegend für junge und ältere Menschen werden, in der kleine Geschäfte, Gärten und stille Winkel für viel Lebensqualität sorgen. Denn gerade um das 1595 erbaute Nordertor herum, das als einziges erhaltenes Stadttor noch so aussieht wie vor knapp 400 Jahren und längst zum Wahrzeichen Flensburgs geworden ist, könnte sich wieder jene Bürgerlichkeit ansiedeln, die immer für die Innenstadt typisch war und die man bis heute überall spürt. Und wer dann an einem Abend durch den Holm bummelt, wenn die Luft still und warm ist, oder durch die kleinen Straßen von St. Jürgen geht, wo die Kapitäne ihre Häuser hatten (und wo die Gärten so groß sind, daß gerade ein Apfelbaum darin Platz hat), der verspürt, daß man es in Flensburg immer noch mit dem im Nordertor eingravierten Motto hält: »Frieden ernährt, Unfrieden verzehrt.« ●

Immer wieder Kurs auf Flensburg: Gaffelsegler während der traditionellen Rum-Regatta. Der siegreichen Crew winkt ein kleines Faß besten Flensburger Rums

Auf der Förde

Das
schönste Segelrevier
der *Welt*

Täglich fahren die
Ausflugsdampfer zu den
schönsten Strandplätzen an der
Förde. Immer wieder legt eines
der weißen Schiffe im Hafen ab
und nimmt Kurs auf See

Sie gehören zur Flensburger Förde wie die sanft geschwungenen Uferkanten und die roten Bojen vor Holnis-Spitze. Wer die weißen Ausflugsschiffe durch das Wasser gleiten sieht, wer ihnen nachblickt, wenn sie im Frühdunst eines Sommertages verschwinden, und wer das Kreischen der im Kielwasser schwebenden Möwen hört, der spürt etwas von der Faszination, die von der Förde-Flotte auch heute noch ausgeht. Denn solange die weißen Schiffe ihren festen Platz im Flensburger Hafen haben und die Luft mit ihrem ungeduldigen Tuten und dumpfen Stampfen erfüllen, solange beginnt die weite Welt hier vor der Haustür, wie schon seit Hunderten von Jahren. Und so wie damals die Sehnsucht mitfuhr, wenn eines der Schiffe langsam die Innenförde verließ und im Nebel verschwand, so empfinden die Menschen noch immer einen Rest von Fernweh, wenn die Schiffe auslaufen – auch wenn sie nur nach Alsen, Kappeln oder Gravenstein fahren.

Mit dem Slogan »Die Förde ruft« hatten die Reedereien schon vor mehr als fünfzig Jahren geworben, als die Fördenfahrt noch das beliebteste Wochenendvergnügen der Bürger war. Um die Jahrhundertwende hatte Flensburg mit fünfzig Abfahrten täglich nicht nur den größten Passagier-Nahverkehr Europas, es herrschte auch ein solcher Ansturm auf die Schiffe, daß der Hafen zeitweilig einem Tivoli glich. Mit Kind und Kegel, mit Sonnenschirm und Vatermörder, mit Picknickkorb und Schmetterlingsnetz rückten die Flensburger an, um eines der behäbigen Salonschiffe mit den dicken Rauchwolken zu besteigen. Plötzlich öffnete sich die Welt, man lernte die Förde in ihrer ganzen Schönheit kennen und gelangte an Orte, die vorher den reichen Kaufleuten mit ihren Kutschwagen vorbehalten waren. Jetzt genossen alle neben der Dampferfahrt auch den Landgang in Glücksburg, Kollund und Gravenstein und kehrten in der sinkenden Sonne in die Stadt und ins Alltagsleben zurück.

Keine Stadt in Deutschland verfiel so sehr der Begeisterung für die Dampfschiffahrt wie Flensburg. An jedem Sonntag setzte ein wahrer Sturm auf die Schiffe ein.

Heute ist Flensburg eine Hochburg der Butterfahrten und die Stadt mit der höchsten Anzahl täglicher Abfahrten im Bundesgebiet

Kein Wunder, daß bald einzelne Fahrgäste förmlich süchtig wurden nach dieser Art von Vergnügen. Und als eine äußerst günstige Dauerkarte – die sogenannte »Partout-Karte« – eingeführt wurde, entdeckte eine Gruppe älterer Flensburger Frauen das Vergnügen an der täglichen Schiffahrt. Bei jedem Wetter kamen sie jetzt auf eines der 26 Schiffe und verbrachten nahezu den ganzen Sommer damit, kreuz und quer auf der Förde herumzufahren. Einem ungeschriebenen Gesetz zufolge hatten alle ihre festen Plätze an Bord, wo sie dann strickend oder Karten spielend die neue Form von Freiheit genossen. Der Volksmund legte ihnen bald den Spitznamen »Partout-Tanten« zu, woraus der Flensburger Dialekt dann die unvergleichlichen »Petuh-Tanten« formte.

Diese Dauergäste der Jahrhundertwende fallen einem ein, wenn man heute eine Ausflugsfahrt – genauer gesagt, eine »Einkaufsfahrt mit Großer Ration« – auf einem der Fördeschiffe macht. Wie damals ist der Salon geheizt, Kaffeeduft zieht durch den Raum, die Nadeln klappern, und die Kartenspiele werden gemischt. Die meisten Fahrgäste haben ihren Stammplatz, und nur wenige stehen auf dem Deck, wo der Wind pfeift und die Fahnen knattern. Wer im Salon sitzt, hat kaum einen Blick für die Landschaft draußen, doch wer oben in der frischen Luft steht, erlebt sie dafür um so intensiver. Er kennt die Förde genau, sieht am Südufer Mürwik und Glücksburg in den dichten Buchenwäldern liegen, passiert Orte wie Kollund, Sandager und Rinkenaes und läßt schließlich die herbe Schönheit der Halbinsel Holnis an sich vorübergleiten. Diese Schiffsgäste kennen die Förde bei jedem Wetter und zu jeder Jahreszeit – und doch können sie kaum sagen, wann dieser Landstrich am schönsten ist: ob im Frühling, wenn die Wälder rundum in zartem Grün schimmern und die Luft frisch und würzig ist, im Frühsommer, wenn die Rapsfelder auf der dänischen Seite goldgelb zwischen den wogenden Feldern leuchten und das Blau des Wassers noch dunkler erscheinen lassen, oder im Herbst, wenn die Fördeufer in flammendem Rot stehen, bis der erste Schnee dann alles zudeckt und die Ochseninseln wie große Seifenblasen im Wasser zu schwimmen scheinen.

Doch nur wenige genießen die Natur so intensiv wie die Wetterfesten vom Oberdeck. Für die meisten Butterfahrer ist das Anlegen in Dänemark erst dann ein spannendes Erlebnis, wenn der Kapitän mit den Zolldeklarationen über die Gangway eilt, wenn große Kartons zollfreier Ware an Bord gehievt werden und wenn die Gespräche in einer Mischung aus Deutsch, Dänisch und Platt zwischen den Hafenarbeitern und der Schiffsbesatzung hin und her gehen. Salon und Oberdeck sind allerdings schnell leergefegt, sobald der Supermarkt auf hoher See seine Türen öffnet. Die Einkaufstaschen werden eilig gefüllt und die besten Sonderangebote heftig diskutiert. Sobald alle wieder zurück sind und das Mittagessen aufgetragen wird, knallen die Sektkorken, und die Stimmung steigt, auch wenn der Wind aufheult und die Wellen über die Scheiben spritzen.

Die Butterfahrten haben die weißen Fördeschiffe erst einmal gerettet. Als in den 60er Jahren das Auto alle anderen Verkehrsmittel überrundete und es mit dem Linienverkehr auf dem Wasser weitgehend vorbei war, bahnte sich eine ähnlich ausweglose Situation an wie 1935. Damals hatten die Abtretung des Nordufers an Dänemark und die schlechte Wirtschaftslage für einen solchen Rückgang beim Schiffsbetrieb gesorgt, daß nur das couragierte Eingreifen von hundert Flensburger Kaufleuten das Ende der Fördeschiffahrt verhinderte. In den sechziger Jahren war es dann ein Sonderburger Kaufmann, der mit seiner Idee, Schnapsfahrten nach Deutschland zu organisieren, den Reedereien die rettende Idee eingab. Kurz vor dem Ruin importierte man diese Idee, modelte sie auf deutsche Verhältnisse um und schuf in Flensburg die »Butterfahrt«, die bald von allen Ostseebädern kopiert werden sollte. Heute ist sie nicht wegzudenken aus dem Leben der gesamten Ostseeküste und ist – trotz mannigfaltiger Anfechtungen – eine der beliebtesten Attraktionen Schleswig-Holsteins geworden.

Vor allem die Senioren entdeckten den Einkaufstourismus für sich und verbinden seither das Angenehme einer Schiffsreise mit dem Nützlichen einer sparsamen Einkaufsfahrt.

Eine der schönsten Schiffsrouten führt ins dänische Sonderburg mit seinem malerischen Hafen und dem aus dem 13. Jahrhundert stammenden Schloß

Sommertage auf der Förde: Dicht gedrängt stehen die Menschen auf der „Moby Dick“ und lassen die bewaldeten Ufer an sich vorüberziehen ▷

MOBY DICK I

Wie immer man zu den Butterfahrten steht, für viele ältere Menschen sind sie eine völlig neue Art der Selbstverwirklichung. Die Schiffstouren holen die Rentner aus der Einsamkeit ihrer Wohnungen heraus und lassen sie den Tag zusammen mit anderen verbringen. In gewisser Hinsicht sind die Schiffe sogar die größte Altentagesstätte der Welt.

Da die Förde-Reederei inzwischen die größte deutsche Privatreederei mit Personenverkehr ist, sucht man nach neuen Aktivitäten, um die Kundschaft zu vergrößern. Das Motto, mit dem man noch mehr Leute auf das Wasser zu locken hofft, heißt Erlebnistourismus und zielt auf die Traumschiff-Sehnsüchte der Deutschen. Tanzfahrten mit Lampions, Hochzeiten und Betriebsfeiern auf dem Wasser gehören ebenso dazu wie Ausflugsfahrten zu den schönen dänischen Inseln Alsen und Aerø, bei denen genügend Zeit für den Landgang bleibt.

Auch eine mehrtägige Kreuzfahrt ist im Programm, bei der man tagsüber mit dem Schiff durch die dänische Inselwelt fährt, um dann am Abend in einer der Bilderbuch-Städte auf Fünen oder anderswo zu übernachten. Da das ganze Jahr hindurch täglich feste Schiffslinien verkehren, und da auch an Sonn- und Feiertagen viele Besucher, besonders aber in den Ferien viele Touristen Ausflüge auf dem Wasser unternehmen, ist die Fördeschiffahrt wieder – trotz des starken Konkurrenzkampfes der Reedereien untereinander – zu einem lukrativen Bestandteil des Wirtschaftslebens in der Stadt geworden und läßt Flensburg das sein, was es immer war: eine Hochburg der Passagierschiffahrt.

Welche Stadt kann von sich sagen, daß die Passagierschiffahrt immer noch den Hauptanteil am Geschäft ihrer Reedereien ausmacht? Wo sonst fahren jedes Jahr 3 bis 4 Millionen Menschen zu Kurzfahrten aus dem Hafen heraus? Und wo sonst ist das Interesse an den Schiffen so groß wie bei den Flensburgern, die »ihre« Schiffe auch von weitem erkennen?

Selbst die Vergangenheit hat hier einen anderen Stellenwert: Schon die Jungen wissen, daß »Ernst Günther«, »Habicht« und »Feodora« die Namen legendärer Salondampfer sind. Doch von diesen Schiffen muß man in der Vergangenheitsform reden. Mit einer Ausnahme. Während viele Erzählungen alter Flensburger anfangen mit Erinnerungen wie »Damals, als es die »Habicht« noch gab . . .«, darf man von einem einzigen Dampfschiff noch zaghaft im Präsens reden: Einzig die 1906 gebaute »Alexandra« hat das Abwracken der alten Flotte überlebt. Doch wer sie heute unter

Bis in die dänische Inselwelt
hinein führen die Kreuzfahrten der
weißen Fördeschiffe:
Abendstimmung im Hafen von Lyø

Einst bestimmten die Dampfschiffe das Bild der Förde — heute sind es die Segelboote mit ihren leuchtend bunten Spinnakern. Als einziges Dampfschiff hat die „Alexandra" das Abwracken überlebt. Nach dem Willen eines Förder-Vereins soll sie bald wieder voll unter Dampf stehen

den im Hafen liegenden Ausflugsdampfern sucht, wird sie nicht finden. Die »Alexandra« liegt nämlich notdürftig abgedeckt und ziemlich heruntergekommen am St.-Jürgen-Ufer. Da blutet so manchem Flensburger das Herz, wenn er seinen Sonntagsspaziergang hierher macht und versonnen auf die ehemals schönen Decks, auf die von Kennern als harmonisch empfundene Rumpflinie oder auf den alten Schornstein blickt, aus dem schon seit 1975 keine Rauchwolken mehr aufsteigen. Damals, am 31. August, machte die »Alexandra« ihre letzte Fahrt und wurde ganz ohne Musik, ohne melancholische Abschiedsreden und ohne Beistand ihrer Bewunderer aufs Altenteil geschickt. Lediglich einen kleinen Blumenstrauß hatte der Heizer im Maschinenraum aufgestellt, wie ein Chronist erzählt.

Daß diese Geste die einzige Abschiedszeremonie war, die dem Schiff zukam, hat damals viele Flensburger erbost. Für sie war die »Alexandra« mehr als nur ein 140 BRT großes genietetes Stahlschiff. Schließlich war der behäbige Dampfer durch das ganze Jahrhundert gefahren, hatte als Salonschiff dem betuchten Bürgertum einen ebenso würdevollen Rahmen gegeben wie den Lebenskünstlern auf den ausgelassenen Festen der wilden zwanziger Jahre, hatte als Kriegsschiff zwei Weltkriege überstanden und hatte als Flüchtlingsdampfer vielen Menschen das Leben gerettet. Nach 1945 diente die »Alexandra« zunächst als »Hamsterdampfer«, und nach der Währungsreform war sie dabei, als die bundesdeutschen »Wunderkinder« zu den ersten Vergnügungsfahrten aufbrachen – lange, bevor sie das Auto als ihr liebstes Transportmittel entdeckten. Doch als dann der Sonntagsausflug vom Wasser auf die Straße verlegt wurde, kamen für die »Alexandra« schlechte Zeiten, zumal Dampfschiffe mit Heizer und Maschinisten nicht mehr rentabel waren. Ein paar Jahre sahen sich die Reederei-Manager das Zusatzgeschäft mit der »alten Dame« noch an, bis sie das Schiff dann aus dem Verkehr zogen und es ihrem Schicksal überließen. Seitdem liegt es nun an den Hafenmauern und wartet auf ein Wunder.

Auf ein Wunder hoffen auch viele Freunde der »Alexandra«, die sie wieder in die Fördeflotte eingereiht sehen möchten. Doch je mehr Zeit verstreicht, desto unwahrscheinlicher wird die Rettung. Wind und Wetter nagen an dem Schiff, das weder geheizt noch bewegt wird und dem die jährlichen Generalüberholungen fehlen. Ein Verein »Rettet die Alexandra« kämpft dagegen an und will mit Sammelaktionen, Petitionen und Eingaben die nötige Restaurierung durchsetzen. Und da auch die Förde-Reederei als Schiffseigner durchaus an einer Sanierung interessiert ist, könnte der Dampfer vielleicht doch noch gerettet werden und eines Tages als »Orientexpreß der Förde« die alte Route von Flensburg nach Gravenstein fahren. Er würde dem Durcheinander kleiner und großer Boote, dem Nebeneinander von Ausflugsdampfern, Marinefahrzeugen und Segelbooten ein unverwechselbares Bild hinzufügen. Die Segler brauchten sich dann nicht nur an ihrem Windanzeiger oder ihrem Kompaß zu orientieren, sie hätten in der schwarzen Rauchwolke auch einen weithin sichtbaren Kursanzeiger.

G 1064
G
1064

Seglerfreuden in Weiß und Blau. Dickschiffe rahmen den Großsegler „Großherzogin Elisabeth“ ein

Die Segler sind es, die unter den Fördeschippern die zweite große Gruppe ausmachen. Mit ihren leuchtenden weißen Segeln setzen sie in dem weiten Blau des Wasser ebenso deutliche Akzente wie die Fördedampfer. Segeln auf der Förde gilt vielen denn auch als Erfüllung aller Seglerträume,

und die meisten Bootskapitäne schließen sich der Meinung eines australischen Skippers an, der gesagt hat: »Die Flensburger Förde ist das schönste Segelrevier der Welt.«

Tatsächlich genügt ein Blick auf die Landkarte, um die Vorzüge dieses Landstrichs für Wassersportler zu erkennen. Und wer ein Luftbild der Gegend betrachtet, kann geradezu euphorisch werden angesichts der weiten Wasserflächen, der unterschiedlichen Ufer, der Strände und der im Wasser schwimmenden grünen Inseln. Bei dieser Vielseitigkeit fällt es denn auch dem Segler schwer, immer denselben Kurs zu fahren. In keinem anderen

deutschen Revier gibt es eine solche Vielseitigkeit der Törns und eine solche Fülle von Zielen. Nicht nur, daß die Förde selbst schon ein ganzes Segler-Wochenende ausfüllt – die Ostsee liegt vor der Haustür, die 40 Kilometer lange Schlei mit ihren schilfbestandenen Ufern ist für größere Schiffe noch gut zu erreichen, und Dänemark lockt mit zahllosen kleinen Inseln. Und ob in Aerøskøbing oder Gravenstein, in Arnis oder Langballigau, überall herrscht der gemütliche Stil in den Häfen, den die Dänen »hyggelig« nennen und für den die Segler nach den Stunden auf dem weiten Wasser besonders anfällig sind. Unzählige Kneipen und Kro's diesseits und jenseits der Grenze nehmen die Bootsbesatzungen auf und halten deftiges Essen bereit. Ein heißer Grog gehört immer dazu.

Doch mag so manche Segeltour auch in einer gemütlichen Seglerkneipe enden, vor den Erfolg haben die Götter den Schweiß gesetzt. Denn das Segeln ist hier in erster Linie ein sportliches Ereignis, es ist ein Messen mit rauhem und unberechenbarem Wetter und verlangt mehr Einsatz als den, den man beim »Kaffeesegeln« einbringen kann. Hier muß man segeln können, will man nicht zu denen gehören, die in jedem Jahr wieder auf der Förde kentern.

Und weil man das Segeln am besten im Zentrum des Sportgeschehens erlernen kann, hat die berühmteste und älteste Segelschule Deutschlands ihren Sitz an der Flensburger Förde; in Glücksburg, dicht neben dem allgemeinen Segelhafen, befindet sich die »Hanseatische Yachtschule«, auf der man die hohe Kunst des Segelns einüben kann – besser als irgendwo sonst in Deutschland, wie Kenner behaupten.

Schließlich ist die HYS nicht umsonst die größte Segelschule in Deutschland. Dabei waren ihre Anfänge eher binnenländisch. Ausgerechnet in Berlin, das ja bekanntlich zwischen märkischem Sand und weiten Heideflächen liegt, gründete man einen Verein, der sich von der Förderung des sportlichen Segelns nicht nur ein besseres Verständnis für die Schiffahrt, sondern auch eine verstärkte Weiterbildung der Persönlichkeit erhoffte. 1925 waren alle Vorbereitungen getroffen, und die erste Segelschule Europas wurde in Neustadt an der Ostsee eingerichtet. Als sie zu

Segelhäfen säumen die Ufer der Förde und lassen die Skipper gemütliche Stunden an Bord genießen wie hier in Flensburg (oben). Im Hafen von Langballigau liegen die Boote an Duckdalben vertäut (rechts oben). Die Jachten im Hafen von Schausende sind nach den modernsten Gesichtspunkten untergebracht (rechts unten)

klein wurde, verlegte man 1936 die Schule nach Glücksburg, wo sich bald alles traf, was sein Herz ans Segeln verloren hatte. Der Kriegsausbruch bereitete dem Schulbetrieb allerdings bald ein Ende – Räumlichkeiten und Ausbildungsschiffe wurden von der Kriegsmarine eingezogen.

Es dauerte bis 1951, ehe der Unterricht wieder aufgenommen und dem ersten Schüler der Unterschied zwischen Luv und Lee klargemacht wurde. Wiederum bestand das Unterrichtsziel darin, dem Segelschüler durch unmittelbares Erleben der Natur, durch das Ausloten der eigenen Möglichkeiten, durch die Erfahrung des Gemeinschaftsgefühls und die Beherrschung der nautischen Fähigkeiten zu einer Erweiterung der eigenen Persönlichkeit zu verhelfen. Und da der Wassersport als neue Freizeitbewegung enormen Zulauf hatte, während gleichzeitig viele Firmen die Ausbildung auf dem Wasser als zusätzliches Charaktertraining für ihre jungen Angestellten nutzten, konnte bald ein Neubau die alte Anlage ablösen.

In diesem neuen Schulungsgebäude, das mit einer großen Fensterfront zur Förde hin und einer gemütlichen, schiffsähnlichen Inneneinrichtung so einladend wirkt, daß man sich hier sofort wohlfühlt, werden heute jährlich mehr als zweitausend Segel-Eleven unterrichtet. Wenn dann im Frühling die ersten Lehrgangsteilnehmer ankommen, blinkt die ganze Anlage wie ein Schloß vor dem Staatsempfang: Der Winter in der Hanseatischen Yachtschule diente der gründlichen Überholung aller Schiffe. Nur Segler können ermessen, was es heißt, sechzig Holzboote zu warten und für die neue Saison startklar zu machen. Daß dabei den »Optis«, den Booten der kleinsten Segelschüler, die mit ihren sieben oder acht Jahren bald besser segeln als lesen und schreiben können, genauso viel Aufmerksamkeit geschenkt wird wie den Hochseeyachten, versteht sich von selber. Denn die Grundausbildung gehört ebenso zum Programm wie der Erwerb sämtlicher Scheine und die Teilnahme an Hochseetörns, die nach Schweden, Norwegen, Frankreich oder Spanien führen. Die »hoppla-hopp-Kurse«, die im Zuge des enormen Segel-Booms aufkamen, waren noch nie Sache der Glücksburger, die nur noch auf Sicherheit mehr Aufmerksamkeit verwenden als auf die Gründlichkeit der Ausbildung. »Egal, wie drastisch wir sparen müssen«, sagt Schulleiter Wilfried Lehmann, »an der Sicherheit unserer Boote und an der Ausrüstung der Segelschüler wird nicht gespart.« So hat denn die Hanseatische Yachtschule in all den Jahren seit ihrem Bestehen auch noch niemals einen tödlichen Unfall zu verzeichnen gehabt.

Eingerahmt von Wald und Wiesen liegt der gemeinsame Hafen der Hanseatischen Yachtschule und des Flensburger Segelclubs

Daß man im letzten Jahrzehnt dank einiger guter Schiffe auch wieder erfolgreich an Regatten teilgenommen hat und etliche Preise einheimsen konnte, macht alle Beteiligten besonders stolz. Denn die guten Ergebnisse sind sicherlich weniger auf die Renn-Qualität der Schiffe zurückzuführen (»... da haben andere schnellere Rennziegen«) als vielmehr auf das gute Zusammenwirken der Crews, die aus ganz unterschiedlichen Gegenden kommen, und auf den guten Mannschaftsgeist, der die Besatzungen der Glücksburger Boote ebenso auszeichnet wie die solide Ausbildung auf dem Wasser, bei der man nicht nur perfektes Flautensegeln lernt, sondern auch den klugen Umgang mit der »Schwiegermutter«. So nämlich heißt in Seglerkreisen die Fahrwasser-Tonne, die eine weit in die Förde hineinreichende Untiefe vor der Halbinsel Holnis bezeichnet. Denn so wie man mit seiner Schwiegermutter nur auskommen könne, wenn man besonnen und klug vorgehe, so unweigerlich laufe man »auf Schiet«, wenn man die »Schwiegermutter« nicht auf der richtigen Seite nimmt. Meinen die Segler beim dritten Grog. ●

Starke Böen lassen die Boote bei der Flensburger Herbst-Regatta durchs Wasser schießen. Hart am Wind kämpfen die Besatzungen um jeden Zentimeter

Segelsetzen auf der „Thor Heyerdahl" im Museumshafen von Flensburg. Im Hintergrund das Dach des Schiffahrtsmuseums, das weithin sichtbar in der Sonne leuchtet

ZJAWA IV

Schönheit auf dem Wasser:
Wenn sich ein Schiffsrumpf in der Förde spiegelt oder die alten Holzaufbauten wie kostbare Antiquitäten glänzen, dann schlägt das Seglerherz höher

**Während der in jedem
Frühsommer stattfindenden
Rum-Regatta treffen sich die
Besitzer alter Schiffe an der Förde**

Am Südufer

Strände, die nach Rosen duften

Der Scheersberg mit dem Bismarckturm ist eins der Wahrzeichen Angelns. Von hier aus geht der Blick weit über das Land. Der nahe gelegene Jugendhof ist Schauplatz zahlreicher kultureller Ereignisse. Links: Die Windmühle „Charlotte“ an der Geltinger Bucht

Grünschimmernde Buchenwälder am Ufer und weitglänzende Wasserflächen, die das Bild der Förde bestimmen, hatten schon Kurt Tucholsky begeistert, als er schrieb: »Und wenn das Mittelländische Meer noch so blau ist . . . die deutsche See. Und der Buchenwald; und das Moos, auf dem es sich weich geht, und der kleine Weiher mitten im Wald, auf dem die Mücken tanzen – man kann die Bäume anfassen, und wenn der Wind in ihnen saust, verstehen wir seine Sprache.« Kurt Tucholsky schrieb diese Zeilen, als er darüber nachdachte, was die Heimat ihm bedeutet.

Am Südufer der Flensburger Förde werden diese Zeilen so lebendig, daß man am liebsten die Bäume anfassen möchte, die sich mit gewaltigem Wurzelwerk am Ufer festkrallen, ihre Zweige weit über das Wasser strecken und die Blätter niederrieseln lassen. Hier hat Erich Heckel, der Expressionist mit dem klaren Blick für Landschaft, sein Ölbild »Sommer an der Förde« gemalt, das den Gegensatz von sanftem Wasser, hohen Buchen und flirrendem Sonnenlicht so eindrucksvoll wiedergibt.

Geprägt von den gewaltigen Gletschern, die das Land während der letzten Eiszeit zusammengeschoben haben, hebt und senkt sich der Weg am Ufer entlang, immer überdacht von den hohen Buchenkronen, die diese Landschaft zu einer der schönsten in ganz Deutschland machen. Eine ideale Gegend für Wanderer, eine Gegend aber auch für den, der Zeit zum Verweilen hat, zu einer Rast auf einer Bank, zu einem Sonnenbad an einem der Naturstrände, wo man weder Strandkörbe noch bewachte Parkplätze findet, oder zu dem Besuch einer der vielen historischen Sehenswürdigkeiten, mit denen dieses alte Kulturland reich gesegnet ist.

Seit 1910 werden an der Marineschule Mürwik Seeoffiziere ausgebildet. Über eine Brücke gelangt man zu den Liegeplätzen der Ausbildungsschiffe.

Im Innern des Schulgebäudes säumen Gallionsfiguren wie die der ehemaligen Segelfregatte „Niobe“ den Treppenaufgang

NIOBE

Unter hohen Bäumen versteckt und von der Landseite kaum auszumachen liegt ein paar Kilometer östlich von Flensburg die Marineschule Mürwik. Eine architektonische Besonderheit, wollte man hier doch die ostpreußische Marienburg nachempfinden. Wer die Marineschule von der Förde aus betrachtet, wird feststellen, wie einfühlsam sie in die waldigen Ufer hineinkomponiert ist, wie sie sich mit ihren Backsteinfarben den erdigen Tönen der Umgebung anpaßt. Steht man dann auf dem hohen Turm, dessen Türen klemmen wie die einer alten Türmerstube, hat man nicht nur einen der schönsten Ausblicke auf die Förde, man erkennt auch den Bauplan der Anlage, die trotz ihrer Größe nichts Monumentales hat.

Monumentalismus wird ohnehin in dieser Schule nicht praktiziert: In diesem Mutterhaus der Marine, wo seit 1910 etwa 25000 Seeoffiziere ausgebildet worden sind, strebt man neben einer umfassenden Bildung vor allem den praktischen Unterricht auf dem Wasser an: »Der beste Hörsaal der Schule ist die Flensburger Förde«, sagt Korvettenkapitän Linde, und tatsächlich ist diese riesige Wasserfläche für das Kutterpullen, das Kuttersegeln, das Jollen- und Yachtsegeln ein ideales Übungsrevier. Reibereien mit den Seglern gibt es nicht – die Förde ist groß und weit und bietet für viele Platz.

Gut klappt auch die Nachbarschaft zwischen den Flensburgern und den »Botschaftern in Blau«, wie Richard von Weizsäcker die Mariner von Mürwik genannt hat. Seit die Schule hierhergezogen ist, hat sie sich im täglichen Leben der Flensburger einen Platz erobert, der viel Selbstverständliches hat. Die Nachbarschaft von Städtern und Seeoffizieren, von Militärs und Kaufleuten, von Kadetten und jungen Flensburgerinnen klappt bemerkenswert gut, und wenn die jungen

Früher diente dieser Himmelsglobus als Navigationsgerät. Er befindet sich zusammen mit der Gallionsfigur der Korvette „Veneta“ im Wehrgeschichtlichen Ausbildungszentrum in Mürwik

Offiziere nach 15 Monaten Ausbildungszeit ihren Abschiedsball feiern und zum Tanz durch alle »Decks« hindurch – wie in Mürwik die Stockwerke heißen – einladen, dann kommen die Gäste aus Flensburg gern herüber. Denn die Ehen, die hier geschlossen werden, sind nicht die schlechtesten.

Daß diese Schule sich nicht verbarrikadiert und hinter Wachposten verschanzt, zeigt auch die Sammlung des Wehrgeschichtlichen Ausbildungszentrums. In fünf Räumen sind Museumsstücke der deutschen Marine untergebracht, die einen Überblick über ihre wechselvolle Geschichte seit 1848, aber auch über die Geschichte der von 1907 bis 1910 erbauten Schule geben. In der Sammlung finden sich viele Dokumente aus der Zeit, da Mürwik für 20 Tage Reichshauptquartier war. Von hier aus ging am 8. Mai 1945 die Meldung von der deutschen Kapitulation um die Welt. Hier wurde der Zweite Weltkrieg offiziell beendet.

Als Mürwik 1956 wieder von den ersten Kadetten bezogen wurde, als die »Burg« oder das »Rote Schloß am Meer«, wie die Schule von den Absolventen genannt wird, wieder ihren Betrieb aufnahm, dauerte es einige Zeit, bis man den Stil für den »Bürger in Uniform« gefunden hatte, der heute in Mürwik herrscht und der selbst Gegnern der Bundeswehr eine gewisse Achtung abnötigt. Die hohe Zahl der zivilen Besucher zeigt im übrigen, wie gut die Schule in das gesellschaftliche Leben der Gegend integriert ist – und daß Mürwik sich immer mehr zu einem Ausflugsort entwickelt hat.

Beliebte Ausflugsziele sind auch die hinter Mürwik liegenden Villenorte Solitüde, das einstmals ein Gut war, und Meierwik, dessen Name noch heute an die Zeiten erinnert, als in Angeln 240 Meiereien existierten und die heimische Butter als Delikatesse berühmt war und per Postpaket sogar bis nach St. Petersburg verschickt wurde. Heute sind diese alten Orte bevorzugte Wohngegenden mit Hanglage, Blick über die Förde und frischer Waldluft.

Vor allem Glücksburg, der nächste größere Ort, scheint geradezu in Wald zu ertrinken. 7 500 Einwohner zählt die Stadt heute, und auf jedes Haus scheinen 100 Bäume zu kommen, so grün ist es überall. Unter den Badeorten an der Förde ist Glücksburg sicher der mondänste und bedeutendste. Ein Kurzentrum, ein Meerwasserwellenbad, mehrere Luxushotels und der Kurstrand bieten selbst verwöhnten Touristen viel Komfort. Obwohl die Stadt im Sommer von Seglern und sonnenhungrigen Flensburgern geradezu überschwemmt wird, hat sie immer noch etwas von der Verschlafenheit eines idyllischen Ortes bewahrt, wo Efeu über die Hausmauern wächst und wo es mehr Wanderwege gibt als in irgendeinem anderen Kurort an der Ostseeküste. Die schönsten führen – wie könnte es in Glücksburg anders sein – um das weiße Schloß herum, das die Stadt weit über die Grenzen Deutschlands hinaus berühmt gemacht hat.

Daß die Anlage so nahe am Ortszentrum liegt, überrascht den Besucher, wenn er zum ersten Male hierher kommt. Denn wer vorher Bilder vom Schloß gesehen hat, der muß glauben, der schimmernde Bau liege in einem Niemandsland, in einer Art Thule oder inmitten eines Sees, der viel größer erscheint als dieser ländliche Mühlenteich, von dem die Residenz umgeben ist. Daß dieser See mit seinem sanften Blau, seinem grünen Schilfgürtel, den gleitenden Schwänen und dem dunklen Waldessaum dennoch der ideale Rahmen für das Bauwerk mit seinen steil aufragenden, weißen Wänden sein würde, das ahnten die Erbauer, als sie einen kleinen Mühlenbach, die Munkbrarup-Au, aufstauten, um die Anlage durch einen Wassergraben zu schützen und so aus dem in einer sumpfigen Wiese gelegenen Gebäude ein im Wasser schwimmendes Schloß machten. Ein genialer Kunstgriff, der nicht nur die dem gesamten Bauwerk zugrunde liegende Symmetrie auf die Spitze trieb, indem er dem aus Steinen erbauten Schloß ein zweites, sich im Wasser spiegelndes entgegenstellte – das Wasser rückte den Bau auch weit vom Land ab und schuf Ferne und Distanz, die noch heute diesem »Märchenschloß« etwas Geheimnisvolles, Unnahbares geben und es zum Symbol für die gesamte norddeutsche Landschaft werden ließen.

Diese Verklärtheit verliert sich schnell, geht man den schmalen Zugang zum Schloßtor entlang. Denn hier entdeckt man unschwer jene Bodenständigkeit, die mit einem Geviert aus Stallungen, Scheunen und Remisen daran erinnert, daß man in schleswig-holsteinischen Herrenhäusern und Schlössern niemals den realen Bezug zur Landwirtschaft verloren hat. Schließlich wurden auch in Glücksburg die Steuern in Naturalien abgeliefert und durch das hohe Portal hindurch auf den Kornboden über dem Festsaal geschafft. Der Wahlspruch »Gott gebe Glück mit Frieden«, dessen Anfangsbuchstaben im Wappen über dem Portal eingemeißelt sind, stammt von dem Erbauer und gab dem Schloß seinen Namen. Herzog Johann der Jüngere von Schleswig-Holstein-Sonderburg, der Glücksburg in den Jahren 1582–1587 aus den Steinen eines alten Zisterzienserklosters erbauen ließ, wird als herrischer, aber genialer Landesfürst

geschildert und gilt vielen Kunsthistorikern als der eigentliche Schöpfer des Bauwerks, der mit seinem ungewöhnlichen Sinn für Wirkung dem Schloß seine Gestalt gab. Wie weit der Flensburger Baumeister Nikolaus Karies den Plan mit beeinflußt hat, ist nicht zu klären. Die Anordnung der Räume und Säle – ein

In dem Salon mit dem seltenen Renaissance-Kamin weilte um die Jahrhundertwende die deutsche Kaiserin häufig zu Besuch. Immer wenn Kaiser Wilhelm II. zu seiner jährlichen Segeltour nach Skandinavien aufbrach, zog sie es vor, die Sommermonate bei ihrer Schwester im Glücksburger Schloß zu verleben ▷

geschlossenes Viereck, flankiert von vier Ecktürmen – war so perfekt, daß dem Schloß in all den Jahrhunderten nichts Wesentliches hinzugefügt wurde. Es sieht heute noch fast genauso aus wie zu der Zeit, als es der Herzog mit seinen 23 Kindern, seinem Hofstaat, seinen Beamten und Dienstboten bewohnte.

Wie ein Märchenschloß liegt Glücksburg inmitten von Wasser, Wald und Wiesen. Der im 16. Jahrhundert erbaute Herrensitz ist heute ein öffentlich zugängliches Museum

Als Johann der Jüngere im Jahre 1622 starb, blieb das Haus im Besitz seiner Erben, deren Engagement allerdings unterschiedlich groß war, so daß Glanz und Niedergang einander ablösten wie in anderen Häusern auch. Doch anders als alle anderen Schlösser Schleswig-Holsteins sollte Glücksburg für die Zeit von 1854–1863 zum Königsschloß werden. Damals verlegte der dänische König Friedrich VII. seinen Regierungssitz hierher und regierte den Gesamtstaat Dänemark / Schleswig-Holstein im Sommer von Glücksburg aus. Doch der Luxus blieb eher bescheiden, man vergnügte sich bei Bootsfahrten auf dem Schloßteich, beim Angeln an der Königseiche und beim Eselreiten im Ort. Nach dieser Zeit, die mit dem Tode Friedrichs endete, und einer kurzen Periode, in der es den verbündeten deutschen und österreichischen Truppen während des Deutsch-Dänischen Krieges im Jahre 1864 als Quartier des Oberbefehlshabers diente, erlebte das Schloß ein knappes Jahrzehnt großer Verwahrlosung. Jahrelang stand Glücksburg leer, und die wertvollen Kunstgegenstände wurden ein Opfer von Nässe und Kälte, von Mäusen, Spinnen und Kakerlaken. Erst als die herzögliche Familie 1871 erneut hier einzog, ging es wieder aufwärts, und bescheidener Luxus kehrte ein, zumal die deutsche kaiserliche Familie um die Jahrhundertwende oft zu Gast weilte.

Als das Schloß 1922 in eine Familienstiftung umgewandelt wurde, wurde es mit allen Kunstschätzen, allen Einbauten, allem Mobiliar und allen Gemälden ein öffentlich zugängliches Museum. Während des Zweiten Weltkriegs diente es als Depot und war dann 1944/45 Sitz des Reichsministeriums für Rüstung und Kriegsproduktion. Eine Glücksstunde schlug dann im Jahre 1947 für dieses einmalige Bauwerk, als der damals 34jährige Friedrich Ferdinand Prinz zu Schleswig-Holstein aus dem Krieg zurückkehrte und Leiter des Schloßmuseums wurde. Vierzig Jahre lang hat er das Haus mit soviel Geschick verwaltet, daß es heute in seinem alten Glanz steht. »Das Haus ist in einem Zustand, daß man sofort einziehen könnte«, meint er, obwohl er selbst in einem kleineren Gebäude außerhalb des Schlosses wohnt. Tatsächlich strahlen die Räume eine anheimelnde Wohnlichkeit aus: Die alten Möbel stehen an ihrem angestammten Platz, die Öfen sind gefegt, Blumen und Kissen heitern wie vormals die Räume auf, das Silbergeschirr ist auf Hochglanz poliert. Der Besucher fühlt sich im Schloß denn auch unversehens in eine Zeit versetzt, in der Reifrock und Cembalo zum fürstlichen Alltag gehörten und in der ein Duft von Rosensträußen durch den Festsaal zog. 100000 Besucher sind es, die in jedem Jahr hier auf die Suche nach einer untergegangenen Zeit gehen. Viele kommen aber auch, um Kunstschätze kennenzulernen, die einmalig sind in Europa. So gibt es von den »Lübecker Tüchlein«, gemalten Tapisserien, auf der ganzen Welt nur noch einen einzigen anderen vollständigen Satz.

Und auch die flandrischen Ledertapeten, die Gemälde- und Grafiksammlung, einmaliges Silbergeschirr und Porzellan versetzen den Kunstkenner in Entzücken. Vor allem die Gobelinsammlung, die bedeutendste im ganzen norddeutschen Raum, zieht immer wieder Liebhaber an, sind doch die in Brüssel

Viele Namen trägt dieser Salon, der „Dankwartscher Salon", aber auch „Zimmer der Rose", „Markgrafenzimmer" oder schlicht „Frühstückszimmer" heißt. Der Saal mit der bemalten Wandbespannung ist heute im Biedermeierstil eingerichtet und kann — wie die meisten Räume im Schloß — besichtigt werden

gewebten Bildteppiche mit den Szenen aus dem Landleben und den Darstellungen der Ovid'schen Metamorphosen von einer solch prallen Bildfülle, daß man Tage braucht, um sie richtig kennenzulernen.

Am Beispiel der Gobelins verdeutlicht Prinz Friedrich Ferdinand die Sisyphusarbeit, die nötig war, um die wertvollen Wandteppiche zu retten. Nicht nur, daß einzelne Materialien einem natürlichen Auflösungsprozeß unterliegen – in der Zeit der Verwahrlosung hatte man einige der kostbaren Teppiche wie Kartoffelsäcke behandelt, so daß Achtlosigkeit, Nässe, Ungeziefer und eine falsche Aufhängung dazu führten, daß viele Stücke zerfetzt und verschlissen waren. Erst die Zusammenarbeit mit dem Landesamt für Denkmalpflege, erfahrenen Restauratoren und deutschen und dänischen Museen hat dazu geführt, daß der Weiße Saal jetzt wieder in seiner alten Vollkommenheit erstrahlt.

Obwohl die Gobelins gerettet, obwohl viele Kunstwerke restauriert und die Kellergewölbe ebenso wie die Schloßkapelle saniert sind, bleibt unendlich viel zu tun, um dieses architektonische Kunstwerk in seiner Pracht zu erhalten. Ob dieser Kampf um ein jahrhundertealtes Erbe sich gelohnt hat, werden sicher erst die späteren Generationen entscheiden.

Die Frage, warum man es erhalten soll, ist ohnehin kaum zu beantworten. Doch wer das Schloß mit seinen von der Sonne durchfluteten Eckzimmern, seinen Salons und seinen Kunstschätzen erlebt hat, wer bei einem der Kirchenkonzerte dabei war, wenn die Marcussen-Orgel ertönt – jener seltene Orgeltyp, an dem schon Bach komponiert hat – oder wer bei einem der berühmten Sommerkonzerte ein Flötensolo durch den Roten Salon ziehen hörte, während auf dem kleinen See die Schwäne langsam vorüberzogen, der hat etwas von einer Schönheit verspürt, die trotz vieler Einwände für die Erhaltung eines solchen Bauwerks spricht. In Sanssouci, dem glanzvollen Schloß Friedrichs des Großen, dachte der Berliner Schriftsteller Hans Scholz einmal über die Unwirtschaftlichkeit solcher Anlagen nach und kam zu dem Schluß, daß gerade diese scheinbare Nutzlosigkeit ihren Sinn hat. Er schrieb: »Es scheint mir dies zum Wesen der Schönheit zu gehören, wie ja denn alle Kunst unter primären, aufs praktische gerichteten Gesichtspunkten überflüssig ist.«

Aus Flandern stammen die kostbaren „Fins Teniers". Die Wandteppiche wurden nach Vorlagen von David Teniers in einem Brüsseler Atelier angefertigt und stellen Szenen aus dem Leben der flämischen Fischer und Bauern dar

Rot leuchtet das Kliff an Holnis-Spitze in der Abendsonne. Dieser Teil der Halbinsel Holnis ist einer der schönsten Plätze an der Förde und steht unter Naturschutz

Eine ganz andere Art von Schönheit erlebt der Besucher in der Naturlandschaft ein paar Kilometer weiter, auf Holnis-Spitze. Für viele ist diese schmale Halbinsel, die sich wie ein Brückenkopf vor die Innenförde legt, einer der schönsten Plätze der ganzen Küste. Wer hierher kommt und die Halbinsel umwandert,

dem bläst der Wind den belastenden Alltag weg, der wird freier, atmet tiefer durch und bekommt ein anderes Gefühl für die Gesetze von Wind und Wasser, von Luft und Sonne. Hier auf dem schmalen Landstreifen bekommen Sträucher eine andere Bedeutung als mitten im Land, hier wirken Zaunpfähle wie Markierungen in einer uferlosen Welt, hier spiegeln die vielen Pfützen einen Himmel wider, der sich vollgesogen hat mit dem Blau des flachen Wassers. Denn in Holnis scheint das Land förmlich gegen das Meer zu kämpfen, hier haben auch die Menschen immer im Kampf gegen das Meer angelebt. So hat sich in

Holnis die Geschichte denn auch gänzlich anders abgespielt als im benachbarten Glücksburg, denn Holnis war immer eine Insel der Fischer, der Fährleute und der kleinen Bauern. Vor allem die Fährleute hatten ein karges, von den Unbilden der Natur geprägtes Auskommen, führten doch die alten Heer- und Handelswege gerade hier zum Wasser. Zwischen Broager am Nordufer und Holnis am Südufer wurden Fuhrwerke, Viehherden und ihre Treiber auf einfachen Fähren über die oftmals stürmische Förde gefahren. Geblieben aus dieser Zeit ist der Fährkrug, der, restauriert, noch heute hoch über der Ostsee steht und den Blick nach allen Seiten freigibt. Geblieben sind ein paar alte Höfe mit Stallungen, umgeben von hohen Linden und einem Misthaufen vor der Tür. Geblieben ist auf Holnis-Spitze aber auch diese Zerzaustheit, der Geruch nach Erde und Wasser, das Farbenspiel aus Grün-, Blau-und Brauntönen und eine seltene Flora und Fauna.

Bis ins Fördeland drangen einst die Gletscher der Eiszeit vor und schoben Felsen und Steinmassen vor sich her. Heute gehen jährlich etliche Meter Strand durch Brandungserosion verloren. Unten: Umgestürzte Bäume am Strand von Holnis

Baumeln mit den Füßen und baumeln mit der Seele: Ferien an Angelns Küsten bedeuten immer ein Abschalten von der Hektik des Alltags. Auch die Kinder in der Bucht von Bockholmwik scheinen die Zeit vergessen zu haben

Daß dies alles lange Zeit in höchster Gefahr war, verwundert niemanden, der die einmalige Lage dieser Halbinsel kennt. Nicht nur, daß Holnis bis 1945 ein beliebter Anleger war und zu einem Ausflugszentrum zu werden drohte, ehrgeizige Planer wollten hier auch einen riesigen Hotelkomplex errichten. Dem Engagement von Naturschützern und den vielen anderen Freunden der kleinen Landzunge ist es zu verdanken, daß aus all dem nichts geworden ist, daß sie jetzt, da sie endlich unter Naturschutz gestellt wird, ein stiller Geheimtip bleiben wird. Denn immer noch kann man Holnis-Spitze nur umwandern. Und das tun eben nur die, die wissen, daß die Luft hier besser und frischer und das Licht heller und leuchtender ist als anderswo.

Mag auch Holnis für viele der eindrucksvollste Punkt am südlichen Fördeufer sein, wer Strände liebt, an denen noch Meerkohl und Salmiere, Stranddisteln und Heckenrosen wachsen, der ist an dem 35 Kilometer langen Ufer zwischen Holnis und Schleimünde gut aufgehoben. Hier, wo die dichten Buchenwälder seltener werden, reichen die Felder bis an das Meer heran, stehen die rotbraunen Kühe dicht am Ufer, gehen die grünen Wiesen in silbrigschimmernden Strand über. Die Linien am Ufer und an dem ansteigenden Endmoränenhang wirken so vollkommen, daß unser Auge immer wieder darüber hingleitet, um das Geheimnis dieser Harmonie zu ergründen.

Die kleinen Dörfer, die hier liegen, sind denn auch Urlaubsdomizile für Kenner. Viele Gäste kommen Jahr für Jahr wieder hierher, weil sie das hügelige Land an der flachen See über alles lieben. Für die, die hier geboren sind, ist die Landschaft ohnehin die schönste der Welt, egal, ob im Frühling die Knicks in weißen und lila Farben schimmern oder ob im Herbst die Wildgänse mit lautem Geschrei über die abgeernteten Felder ziehen, um sich irgendwo in der Nähe des Wassers niederzulassen. Wasser und Land sind hier viel weniger getrennt als an allen anderen Küsten der Ostsee. Selbst die Möwen, deren Revier Wasser und Strand sind, fühlen sich auf den Feldern zu Hause und sitzen wie weiße Schneereste in den Ackerfurchen oder flattern in großen Schwärmen um die pflügenden Bauern herum.

Ganz anders bemühen sich die Möwen in Langballigau um ihr tägliches Futter. Sie halten

die Duckdalben besetzt und lauern fett und aufmerksam darauf, daß die Fischer die Abfälle vom letzten Fang ins Wasser werfen, um sich dann mit lautem Kreischen darauf zu stürzen. In Langballigau gibt es auch noch einen Rest jener Fischerdorf-Romantik, die früher, als viele Orte noch vom Fischfang lebten, zu der ganzen Gegend gehörte. Doch die Zeiten, in denen die meisten Familien in Langballigau ihren Lebensunterhalt auf dem Meer verdienten, sind lange vorbei. Heute sind es gerade noch zehn, und die Mehrzahl von ihnen betreibt den Fischfang als Nebenerwerb. Dennoch kommen Einheimische und Touristen gern hierher, riechen den Duft von Tang und Teer, von Fisch und Dieselöl und genießen die Abwechslung, die ein- und auslaufende Schiffe mit sich bringen.

Auch in den anderen Orten wie Westerholz, Osterholz, Dollerupholz oder Nieby geht es wenig aufregend zu. Wer als Urlauber hierher kommt, der sucht die Nähe zur See, das Bild der Wolken über den vom Wind gekämmten Bäumen und die Gemütlichkeit der kleinen Orte. Eines dieser kleinen Dörfer ist Neukirchen. Hier am hohen Förde-Ufer hat Herzog Johann der Jüngere – der Erbauer Glücksburgs – mit seinem unfehlbaren Blick für Wirkung 1619 eine der

Das Dorf Langballigau lebte einst vom Fischfang. Heute gibt es hier zwar immer noch eine kleine Flotte von Fischkuttern, aber die meisten Einwohner fahren nur noch als Hobbyfischer mit kleinen offenen Booten zum Angeln auf die See hinaus

◁ Solche Plätze entdeckt nur der Wanderer. Im Frühling ist das Tal der Munkbrarup Au besonders schön

LANGBALLIGAU

Weithin sichtbare Markierungspunkte in dem welligen Land sind seit jeher die Windmühlen. Eine ganze Reihe von ihnen wurde liebevoll restauriert. So die Holländermühle in Westerholz (links), in der jetzt ein Restaurant untergebracht ist, und die Mühle „Hoffnung" (Mitte) in Munkbrarup, in der noch immer Schrot und Korn gemahlen werden können. Auch die Windmühle „Charlotte" (rechts) sieht wieder so aus wie im Jahre 1826, als sie als Schöpf- und Kornmühle gebaut wurde

schönsten Kirchen Angelns gebaut. Mag der Kölner Dom überwältigend groß sein und das Straßburger Münster gewaltig, diese kleine Kirche vergißt man so schnell nicht. Leuchtend weiß steht sie vor der blauen Förde, nur durch ein paar Büsche und Bäume vom Ufer getrennt. Dieser Platz, so dicht am Wasser, erklärt sich aus den Machtbestrebungen des Herzogs: In Neukirchen sollte ein neuer Hafen entstehen, der den Flensburger Kais durch seine bessere Lage Konkurrenz machen sollte. Die Kirche wurde gebaut, doch die übrigen Pläne scheiterten. Und so blieb die Kirche vereinsamt am Förde-Ufer stehen, umgeben von hohen Linden, abgeschirmt durch ein weißes Tor und überragt von einer alten Esche. Die Bank unter diesem Baum sei jedem empfohlen, der einen Hauch Ewigkeitsgefühl tanken will: Mit der Kirche im Rücken, dem Rauschen der Blätter über sich und dem weiten Blick über die Förde erlebt man den Traum von der Bank unter einem beschützenden Baum auf »anglitisch«.

Überhaupt kann man an dieser Küste immer irgendwo sitzen; man kann geradezu Plätze »sammeln«, kann bei Habernis, Norgardholz oder Steinberghaff verweilen und den vielen Fährschiffen nachblicken, die von Gelting-Mole abfahren. Denn hier bei Gelting liegt der größte Fährhafen des gesamten Südufers, von dem aus man mitsamt seinem Auto nach Dänemark übersetzen kann.

In Gelting selbst lohnt sich ein längerer Aufenthalt, pflegt man dort doch das »Savoir vivre« mehr als in den anderen Orten an der Küste. Hübsche Gärten, alte Parks, großbürgerliche Häuser und gemütliche Cafés sind typisch für diese mittelgroße Gemeinde. An herrschaftlichen Bürger-Stil erinnert auch das Geltinger Herrenhaus. Es wurde von dem Nordfriesen Sönke Ingwersen geprägt, der in Java zu Geld gekommen war. 1758 kaufte er das Schloß und baute es mit viel Geschick und unzähligen neuen Sprossenfenstern um. Er feierte berühmt gewordene Feste, holte Schauspieler, Musiker und Gartenarchitekten heran und verlieh der ganzen Gegend einen Glanz, den man damals nicht einmal in Glücksburg antraf. Seit 1820 gehört das Schloß der Familie von Hobe-Gelting, deren Name immer wieder in der Gegend auftaucht.

Der Wind bestimmt das Aussehen der Bäume. Die „Windschureiche" in der Geltinger Birk scheint vor dem Sturm davonlaufen zu wollen

Eine Freifrau aus dem Hause von Hobe gab auch der Windmühle Charlotte an der Geltinger Birk ihren Namen. Von der restaurierten Mühle aus, deren kleine Müllerkate zum Nachdenken über frühere Wohnverhältnisse zwingt, hat man einen weiten Blick über die Birk und somit über eine der »Perlen Angelns«, wie dieses 482 ha große Gebiet oft genannt wird. Als man 1934 dieses Areal unter Naturschutz stellte, da ahnte man bereits, daß der aufkommende Massentourismus auch noch den hintersten stillen Winkel erfassen würde, wenn man der Natur nicht ein paar letzte Refugien bereitstellte.

Auf der Birk mit ihren vielseitigen Böden, den moorigen, sandigen, lehmigen oder sumpfigen, finden so viele Pflanzen und Tierarten den ihnen angemessenen Lebensraum, daß man fast von einem nordischen Garten Eden reden kann. 380 Pflanzenarten wurden gezählt, davon fünf verschiedene Wildrosensorten, deren schönste den Namen »Die scheue Rose« trägt. Hier findet man im Frühling Felder der Sumpfdotterblume, im Juni rotglühende Flächen mit Storchenschnabel, hier wachsen Löffelkraut, Knabenkraut und Wildprimeln in großen Polstern. Auch Wasservögel findet man in so großen Schwärmen, daß man sich unwillkürlich an die Camargue erinnert fühlt. Die weiten, nur flach mit Wasser überspülten Flächen, die Moore, Sümpfe und Dünenwälle haben eine entfernte Ähnlichkeit mit der südfranzösischen Landschaft, auch wenn statt der Flamingos hier die Fischreiher im Wasser stehen. Und so wie dort im Frühjahr und Herbst viele Vögel zwischenlanden, so findet man auch hier eine große Zahl von Durchzüglern, für die auf dem Weg in den Süden die Geltinger Birk eine ideale Zwischenstation ist, ein »Flughafen der Natur«. Wenn dann die Graugänse kommen, scheinen sie wie selbstverständlich in die grüngraue Landschaft zu passen, wo die uralten Bäume so zerzaust sind vom Wind, daß man den Eichen Namen gab wie »Windschurbaum«, »Windfahnenbaum« und »Windflüchter«. Kinder werden von dem »Gespensterwald« beeindruckt sein, dessen Bäume so sehr vom Sturm gebeutelt sind, daß sie wie verhext wirken. Einen »Kratt« nennt man im übrigen einen solchen kleinen Wald, und in dem Namen steckt viel von der bizarren, fabelträchtigen Wildnis, die er darstellt.

In dem Niemandsland zwischen See und Land läßt der Heimatschriftsteller Georg Asmussen seinen Roman »Stürme« spielen, in dem er die bittersüße Geschichte eines armen Mädchens und eines reichen Bauernjungen erzählt, die nach vielen Schicksalsschlägen schließlich doch noch zueinander finden. Und wenn sich auch die Lektüre des Romans mit den eher verstaubten Fabelwesen kaum lohnt, Asmussens Naturschilderungen der Birk mit ihren Wiesenflächen, den Birkenwäldern (daher stammt der Name), den spiegelnden Wasserflächen und dem unheimlichen Vogelgeschrei zeigen, daß auf der Birk hundert Jahre viel weniger sind als anderswo. ●

◁ Der Lauf der Jahreszeiten macht die Birk zum Schauplatz eines ständig neu inszenierten Naturschauspiels. Das Naturschutzgebiet im Osten Angelns ermöglicht vielen Tieren und Pflanzen das Überleben

Abendstimmung in der Birk

Im Bauernland

Kühe, Knicks und Kirchen

Hinter den Stränden der Förde
liegt das Bauernland Angeln.
Schweine und Kühe sind
die wichtigsten Stützen der
Landwirtschaft

In den Gärten blühten Sonnenblumen und Astern – »Sommer ade«. Es war noch warm, aber man spürte den Herbst überall. Die Felder waren abgeerntet, die Knicks fingen an, sich zu verfärben, die Luft roch nach Rüben und frischgepflügter Erde, und die vielen Silberpappeln bewegten sich so leise im Wind, daß man es kaum wahrnehmen konnte.

Als wir nach einer gemächlichen Autofahrt in der Gaststube saßen, ging uns die Stille nach, und wir wetteiferten mit der Gastwirtsfrau um Schweigsamkeit.

»Grün ist dieses Land«, hatten wir gelesen, »und nicht nur am Abend still.« In großen Wellen hatte sich Angeln unter uns gesenkt und gehoben, hatte uns auf Straßen weitergeführt, die sich – mäandrierenden Flüssen ähnlich – durchs Land ziehen, und hatte uns wegen der vielen Kurven und Biegungen stets nur einen Teil seiner Eigentümlichkeit gezeigt. Grünschimmernde Felder, saftige Wiesen, blühende Wegränder und schattige Höfe, Teiche voller Entenflott und bunte Bauerngärten, grüne Bänke unter hohen Birnbäumen und majestätisch schreitende

Seit Hunderten von Jahren werden die Angeliter Bauernhäuser mit Reet gedeckt. Im Winter wird das Schilfgras geschnitten und in Garben zum Trocknen aufgestellt. Heute werden die Häuser wieder häufig „weich" gedeckt, so daß die Reetdachdecker gesuchte Facharbeiter sind

Gänse hatten sich uns eingeprägt und jene »Feierabendstimmung« vermittelt, die über dem ganzen Land zu liegen schien. Beim Ticken der Standuhr versuchten wir jetzt, die einzelnen Bilder zusammenzusetzen und uns die Frage zu beantworten, was denn die Besonderheit dieses Landstriches ausmachte, der weder so schön und saftig wie Holstein noch so erhaben wie Sylt oder von so strenger Schönheit wie Dithmarschen ist. Und wenn auch ein inzwischen hinzugekommener Gast aus Berlin uns mit der knappen Formel »Det is ne echt reelle Jejend« begrüßte, so blickten wir doch eher nachdenklich durch die kleinen Fenster auf die Dahlien im Garten und auf die von Rübenblättern verschmierte Straße.

Es sollte noch eine Weile dauern, ehe wir die Eigentümlichkeiten dieser von zwei Förden und der freien Ostsee umspülten Halbinsel erfuhren und das Land in seiner ganzen versteckten Schönheit kennenlernten. »Angeln«, meinte schließlich schon der norddeutsche Schriftsteller Ernst von Salomon, »ist wie ein sprödes Mädchen, das seine Reize nur dem offenbart, der es wirklich liebt.« Und der viel Zeit hat, möchte man ergänzen, denn Hektik und Schnelligkeit liegen weder den Menschen, die hier wohnen, noch bekommen sie dem Besucher, der das Land begreifen will. Man braucht eben Zeit für ein Gespräch über den von Wicken überwucherten Gartenzaun hinweg, für einen Mittagsschlaf am Rande eines blühenden Knicks oder für das Erfassen der Idylle, die von dampfendem Mist ausgeht, wenn sich ein Beet rotblühender Rosen dahinter ausbreitet.

Wer sich auf die Suche nach den Eigentümlichkeiten und Schönheiten der Angeliter Landschaft macht, wird unweigerlich auf die zahlreichen Bauernhöfe stoßen, die überall verstreut liegen. Dennoch wirkt das Land nicht dicht besiedelt. Immer wieder verschwinden Häuser und Höfe hinter den Knicks, ducken sich in Mulden, verstecken sich unter windzerzausten Bäumen und weigern sich, richtige Dörfer oder gar Städte zu bilden. Der Kunsthistoriker Alfred Kamphausen notierte einmal treffend: »In der freundlich bewegten Landschaft der Förden und Moränenketten sind Dörfer und Einzelhöfe wie Schnörkel in der Arabeske, jene sind ebenso bunt zusammengewürfelt wie die Nachbarschaft beim Polterabend.«

Blick durch das Torhaus auf das Gut Frauenhof. Hohe Linden flankieren den Eingang des Wohnhauses und betonen die Symmetrie der Anlage

Tatsächlich fällt es schwer, ein typisches Angeliter Dorf zu finden. Denn selbst in den größeren Ortschaften sind die Häuser eigenwillig und nach nicht klar erkennbaren Gesetzen angelegt. Typisch jedoch ist der Angeliter Bauernhof. Die ältesten Häuser im Norden Angelns waren sogenannte Wandständerbauten, in denen Wohn- und Wirtschaftsräume unter einem Dach lagen. Etwa Ende des 18. Jahrhunderts entwickelte sich dann die charakteristische Hofform, die Dreiseithofanlage. Sie besteht aus einem separaten Wohnhaus und zwei einander gegenüberliegenden Wirtschaftsgebäuden, der Scheune und dem Stall. Diese hufeisenförmige Anlage erinnert sehr an einen Guts- oder Herrenhof, und die kleineren Nebengebäude, wie Schuppen, Ställe oder auch die Abnahme, das Altenteil, verstärken diesen Eindruck noch. Hinter oder neben dem Wohnhaus liegt der wohlgepflegte Bauerngarten, in dem nebeneinander Kohl und Rosen, Rittersporn und Sellerie gedeihen.

Noch heute bestechen diese Bauernhöfe durch die Ausgewogenheit der Anlage und verblüffen durch die Exaktheit, mit der Bäume und Alleen um sie herum angepflanzt sind.

Doch um diese architektonischen Zeugnisse der heimischen Bauernkultur ist es schlecht bestellt. In einem Festvortrag zum 50jährigen Bestehen des »Heimatvereins der Landschaft Angeln« sagte der engagierte Landesplaner Claus Kühl, der selbst aus Angeln stammt, dazu: »Die Bauernhöfe sind nicht mehr das prägende Element, sie sind ja auch weniger geworden . . . Das Bild ist fast überall gleich: Kleinere und größere Neubaugebiete und neue Häuser auf den Hofkoppeln zwischen den Bauernhöfen begleiten das Auge mehr, als daß es sich an den Bauernhofanlagen festhalten kann . . .« Daß darüber hinaus die alten Höfe immer häufiger durch unschöne »Modernisierung« verunstaltet werden, beklagte der Direktor des Schleswig-Holsteinischen Freilichtmuseums in Kiel, Carl Ingwer Johannsen.

Es ist eben nicht leicht, die Belange der Landwirte, die auf den technischen Fortschritt und die Modernisierung angewiesen sind, wenn ihre Betriebe wirtschaftlich arbeiten sollen, und die Forderungen der Denkmalschützer und Museumsleute in Einklang zu bringen.

Immer wieder tauchen Guts- und Herrenhäuser in der weiten Landschaft Angelns auf. Rundhof bei Gelting (links oben) und Philippstal in Quern (links unten) zeugen von vergangener Pracht.

Daneben das Torhaus von Schloß Gelting (rechts oben) und von Gut Frauenhof (rechts unten)

Dennoch lohnt es sich auch heute noch, um die Schönheit dieses Landstrichs zu kämpfen. Trotz vieler Bausünden ist Angeln eine der am besten intakten agrarischen Gegenden Deutschlands und weitgehend verschont geblieben von der Industrialisierung. Noch immer ist Angeln ein fast reines Bauernland. Noch immer bestimmen die rotbraunen Kühe und die fetten Schweine das Bild, noch immer quellen die Gärten über von leuchtenden Sommerblumen und von Rosen. Und wenn auch hier wie überall in Deutschland durch die Einschränkungen der Europäischen Gemeinschaft und die Milchquotenregelung die Existenznot drohend über einem Land aufzieht, das jahrhundertelang von der hohen Milchleistung seiner Kühe und einer bedeutenden Butterproduktion lebte, und wenn auch die Bedeutung der Schweinezucht immer mehr zurückgeht und wenn viele Bauernsöhne nicht mehr den harten 16-Stunden-Tag des Landwirts auf sich nehmen wollen, so bestimmen hier immer noch Aussaat, Ernte und die jährliche Zuchtviehversteigerung fast allein den Jahresablauf, krähen die Hähne auf dem Mist und fliegen wie eh und je die wilden Vogelschwärme aus den tausend Knicks auf, die sich überall durch das Land ziehen.

Dunkel wie ein frischgepflügter Acker ist die Farbe der Angeliter Rinder. Die Tiere sind ein besonderes Zuchtergebnis der Bauern im Fördenland und werden wegen ihrer Widerstandskraft bis nach Syrien und in die UdSSR exportiert

◁ **Reife Felder, grüne Wiesen, kleine Stücke Bauernwald und gemütliche Dörfer bilden vor der blauschimmernden Förde eine Kulisse für jedes Sommerglück**

Diese Knicks sind ein besonderes Merkmal der Gegend, sie sind hier so häufig anzutreffen wie sonst nirgendwo in Norddeutschland. Oftmals sind sie zu einem undurchdringlichen Dickicht verwuchert und wirken alt und knorrig. Einzelne Baumreihen erwecken mit ihren gewaltigen, über den Knick herausgewachsenen Eichen den Eindruck, als wären sie Jahrhunderte alt. Die Knicks sind eine sozusagen amtlich verordnete Einrichtung – bereits im 18. Jahrhundert gab es feste Vorschriften, wie und wo sie anzulegen waren. Und als man um 1750 die gemeinsame Bewirtschaftung der Felder aufhob und bei der ersten großen Landreform die Äcker unter den Bauern aufteilte, wählte man statt der teuren und kompliziert zu ziehenden Zäune die bewachsenen Erdwälle als natürliche Begrenzung. Detlev von Liliencron hat einen solchen Knick eindrucksvoll beschrieben: »Dicht beieinander und ineinander (stehen) Schlehdorn, Haselnuß, die Heckenrose, Holunder, Hainbuchen, Zwergeichen. Wie sich das alles undurchdringlich zusammenschiebt, kein Luftzug kann hindurch . . .«

Die Knicks erwiesen sich bald als Schutz für die Felder, hinderten sie doch den Wind daran, die Saat und die Ackerkrume zu verwehen. Zudem waren die Knicks ideale Abgrenzungen der Viehweiden und lieferten außerdem noch Holz und Früchte. Schon bald waren sie ein nicht mehr wegzudenkendes Merkmal der Landschaft. Daß im Zuge des Fortschritts und wegen der immer größer gewordenen Erntemaschinen auch viele Kilometer Knick wegrationalisiert worden sind, sieht nur derjenige, der alte Generalkarten betrachtet oder sich an die vielen schattenspendenden Doppelknicks erinnert, die es in seiner Kindheit noch gab. Zu spät hat man erkannt, wie rigoros gerodet wurde und wie wenig Rücksicht die Bauern auf die Erhaltung dieser für die gesamte Ökologie wichtigen Knicklandschaft nahmen. Heute ist der Raubbau weitgehend gestoppt, viele Knicks wurden wieder neu angelegt, und die alten werden so gepflegt, daß Angeln sein typisches Landschaftsbild behalten wird.

Mehr Glück bei der Erhaltung hatten die vielen alten Kirchen, die in dem welligen Land wie Edelsteine verborgen liegen. Mehr als 30 romanische Kirchen gibt es in Angeln – eine Dichte, die in ganz Deutschland nicht wieder

Üppige Gärten waren immer der Stolz der Angeliter Bäuerin. Neben Rosen und Glockenblumen wurde hier auch immer Gemüse angebaut. Die Gartenkultur ist eine der Gemeinsamkeiten, die die Angeliter mit den Angelsachsen verbindet

zu finden ist. Aus säuberlich behauenen Granitquadern oder Feldsteinen erbaut, sind die meisten Kirchen im Laufe der Zeit zwar verändert, vergrößert oder gar um einen höheren Glockenturm erweitert worden. Dennoch strahlen sie in ihrer Gedrungenheit und Schlichtheit jene Unerschütterlichkeit aus, die für die Romanik typisch ist. In den Kirchen von Munkbrarup, Sörup, Norderbrarup, Husby tritt sie besonders stark hervor. Bemerkenswert sind daneben die vielen gut erhaltenen romanischen Reliefs, die von solch einzigartiger Schönheit sind, daß Kunstkenner weite Reisen auf sich nehmen, um sie besichtigen zu können. Am bekanntesten sind der Reiter von Satrup und das Liebespaar in der Kirche von Ulsnis.

Viele dieser Steinbildnisse belegen den Wandel vom Heidentum zum Christentum. Daß zwischen den christlichen Motiven auch immer wieder heidnische Kult-Elemente auftauchen, ist ein Beweis für die späte Christianisierung dieser Gegend, die 500 Jahre später als in Süddeutschland erfolgte und einen wahren Kirchenboom zur Folge hatte. Sehr viele

Unzählige Kostbarkeiten enthalten die vielen weiß geschlemmten Kirchen im Land. In dem Gotteshaus in Neukirchen steht ein bemalter Flügelaltar, der die Abendmahlszene darstellt

Kirchen entstanden in der Zeit von 1150–1250 in Angeln. Von ihnen sind immerhin über dreißig erhalten geblieben. Welcher dieser vielen romanischen Kleindome der schönste ist, entzieht sich allerdings dem objektiven Urteil. Das hängt für den einzelnen auch davon ab, ob er ein solches Gotteshaus schon als Kind erlebt

oder wie er es beim ersten Besuch kennengelernt hat. Allgemein gilt die Kirche in Sörup als das schönste Bauwerk. Wer dorthin kommt und in die immer geöffnete Kirche eintritt, sollte eine volle Stunde Zeit darauf verwenden, sie in ihrer schlichten Schönheit auf sich einwirken zu lassen. Selten sahen wir eine so heitere romanische Kirche. Die Sonne schien in den Altarraum und ließ das Bildnis der trauernden Maria und des weinenden Johannes aus dem 15. Jahrhundert aufleuchten; große Sträuße gelber und roter Dahlien verbreiteten einen zarten Duft, und der Fries an der bemalten Empore erzählte vielerlei Geschichten aus der Bibel. Eine »Predigt aus Stein« dagegen ist das aus Gotland stammende Taufbecken aus dem 14. Jahrhundert, das für die damals leseunkundigen Kirchenbesucher gedacht war. Daß man in den Angeliter Gotteshäusern, die wie »gute Stuben« wirken (so der Kunsthistoriker Kamphausen), den Menschen anders in das kirchliche Geschehen einbezieht als in den gewaltigen himmelstürmenden Domen des Rheinlands, stellten wir beim Gang durch die Bankreihen fest: Warme Heizungsrohre sorgen auch im Winter für das Wohlergehen der Gläubigen. Auf ihnen können die Kirchenbesucher ihre Füße wärmen, während der Pfarrer »ein Gläschen lang« predigt. Denn hier in Angeln gehört auch eine Sanduhr zur Ausstattung der Kirche. Die Sanduhr an der Kanzel ist nämlich nicht nur ein Sinnbild der Vergänglichkeit des Menschen, sie hat auch einen praktischen Zweck. Mehr als einen Durchlauf lang durfte nicht gepredigt werden, und damit jeder wußte, wann es der frommen Belehrung genug war, brachte man in Sörup – für alle sichtbar – schon im Jahre 1668 eine Sanduhr an.

»Die Kirchen«, sagt Pastor Muhs, »sind immer noch ein zentraler Treffpunkt der Menschen hier. Natürlich gibt es auch eine gewisse Kirchenmüdigkeit, aber immer noch begleitet die Kirche den Menschen an seinen wichtigsten Stationen. Taufe, Trauung, Konfirmation und Beerdigung gehören für 95 Prozent der Bevölkerung einfach dazu.«

Überall im Land finden sich Zeugnisse der romanischen Reliefkunst. Das Taufbecken in der Söruper Kirche stammt aus Gotland und zeigt Szenen aus dem Leben Christi

Und so ist denn eine Beerdigung in Angeln immer noch ein Ereignis, das die Nachbarn zusammenholt: Freunde oder die Mitglieder der »Nachbarschaft« tragen den Sarg, man geht gemeinsam zum nahen Friedhof und trifft sich danach zum »Totenkaffee«, bei dem nur die Träger des Sarges einen Schnaps

◁ Erntedankfest in der Kirche von Gelting

trinken. Ausgelassener geht es bei der Angeliter Kaffeetafel zu. Daß man für diese einen gesunden und stabilen Magen braucht, ist bekannt, denn Essen und Trinken hielten zwischen Förde und Schlei schon immer Leib und Seele besonders gut zusammen. Mindestens fünf Torten, ein paar Plattenkuchen und jede Menge Kaffee gehören zu dieser Form des lebensfrohen und ausgelassenen Kaffeeplauschs, und ein paar Gläschen Cognac und Likör schaden dabei ebensowenig wie ein Haufen Schlagsahne. Bis zu fünf Stunden dauert die Kuchenorgie, bei der man den Wahlspruch beherzigt, daß der, der lange feiert, auch lange leben wird. Die Portionen waren immer reichlich in diesem »speckumschlungenen« Land, in dem sich jeder auch an die schlechteren Zeiten erinnert. Jahrzehntelang nämlich war Grütze das Hauptgericht Angelns, und Grütze wurde aus allem hergestellt, was auf den Feldern wuchs. Gersten-, Weizen- und Buchweizengrütze halfen den Hunger lindern. Die Abwechslung lag in den Zutaten, mit denen man die Grütze kochte. War der Haushalt ärmlich, wurde sie nur in Wasser gekocht – auf den betuchteren Höfen dagegen gab es auch Milch-, Saft-, Sahne-, Brüh- oder Fleischgrütze. Fleisch aß man im übrigen besonders gern, wuchs es doch sozusagen vor der Haustür. Der Chronist A. U. Hansen schrieb 1858 dazu: »In Angeln ist das aus England vererbte reichliche Fleischessen noch heimisch, eine Bauernfamilie konsumiert im Durchschnitt jährlich zwei fette Kühe, vier bis fünf Schweine, diverse Hammel, etwa zwanzig fette Gänse, zehn nüchterne Kälber und außerdem zugekauftes Fleisch, wonach auf die Person 250–300 Pfund Fleisch zu veranschlagen sein möchten, wogegen der behäbige Bürger in den Städten für die Person nur 130 Pfund beansprucht.«

Natürlich hat sich im Zeitalter der Kalorientabellen vieles verändert. Doch immer noch gehören große und reichliche Portionen auf den Tisch, sind Grünkohl mit Schweinebacke oder eine in Speck gebratene tellergroße Scholle ebenso gern gegessene Gerichte wie Schnüsch, ein in Milch gekochter Eintopf aus verschiedenen frischen Gemüsen, der in manchen Familien auch mit Schinken oder Matjes angerichtet wird. Und wer einmal Gelegenheit hat, Langkohl zu essen, dem sei diese Spezialität – fein gerührter, mit gequetschten Kartoffeln »verlängerter« Grünkohl – sehr empfohlen, obwohl Friedrich Hebbel dieses Gericht geradezu verabscheute: »Bis Fasnacht grüner Kohl, nach Fasnacht weißer Kohl«, schrieb er lapidar über die Eßgewohnheiten seiner schleswig-holsteinischen Heimat.

Daß aber hier im Grützenland wirklich die beste Grütze gekocht wird, erfährt man bei einer Fahrt durch die Dörfer: Die freundliche Wirtin im Gasthaus »Sieben Linden« in Ülsby serviert nicht nur eine ausgezeichnete Mirabellengrütze, sie lädt mich auch ein, die reifen Früchte hinterm Haus zu sammeln. Wie

Eine der Köstlichkeiten Angelns ist die Rote Grütze.

ein roter Teppich liegen sie im grünen Gras rund um den Pflaumenbaum und erinnern an Kindertage im herbstlichen Garten.

Diesen besonderen Charme Angelns suchen denn auch viele Fremde, die hier in diesem abgelegenen Teil Schleswig-Holsteins immer wieder Urlaub machen. Viele Feriengäste ziehen sich dabei in das Landesinnere zurück und wohnen auf einem der 500 Bauernhöfe, die Betten bereithalten, oder in einem der kleinen Gasthäuser, die unter hohen alten Bäumen liegen und in denen man morgens nicht von hupenden Autos, sondern vom Krähen der Hähne geweckt wird. Die gute alte Sommerfrische ist bei ihnen mehr gefragt als der action-Urlaub der Superlative. Denn hier, wo man nie weiter als dreißig Kilometer bis zur Förde, bis zur Schlei oder der Ostsee fahren muß, wo ein enges Netz kleiner und kleinster Straßen zu ausgedehnten Radtouren einlädt, wo es noch unzählige Teiche und Tümpel gibt und wo man Herrenhäuser und Höfe findet, die wie Filmkulissen in der Landschaft liegen – hier kann man jene Form von Urlaub finden, in der »Hetze« ein Fremdwort und »Reizüberflutung« eine Unmöglichkeit ist.

Dennoch ist niemand im Urlaub zum Müßiggang verurteilt. Wer will, kann reiten, segeln, surfen, töpfern, malen und weben oder mit der in den Ferienmonaten ratternden Dampfeisenbahn von Kappeln nach Süderbrarup fahren, er kann aber auch eines der heimatlichen Museen oder eine der vielen gut erhaltenen Windmühlen besuchen. Die einzelnen Gemeinden und der rührige Fremdenverkehrsverein des Kreises Schleswig-Flensburg unterstützen vielfach solche Aktivitäten. Schließlich wird der Tourismus für die Menschen immer wichtiger. Doch trotz aller Abwechslung wird man eines nicht beeinflussen können: die Zufälligkeit des Wetters. Denn so wie niemand bestreiten wird, daß man zwischen den reifen Feldern und den blühenden Heckenrosen mit dem Blick auf die blauschimmernde Förde einen Sommer verleben kann, der mit jedem italienischen Adria-Urlaub zu konkurrieren vermag, so wenig wird man die Sturzbäche, die Regenfronten und die Schauerwetter verleugnen, die hier in schlechten Sommern auf den Urlauber niederprasseln, als gelte es, die Liebe zu diesem Land auf die Probe zu stellen. Doch eines ist gewiß: Der Himmel macht mit seinen wechselnden Licht- und Wolkenspielen alle Wetterkatastrophen wieder wett. Dutzende verschiedener Stimmungen kann ein solcher Himmel bereithalten. Er kann sanfte Farben, drohende Wolkenhaufen und goldglänzende Lichtbahnen gleichzeitig hervorbringen, so daß man hingerissen ist von der Farbenvielfalt und beeindruckt von der ständig wechselnden Regie. »Der Himmel ist der eigentliche Protagonist und der absolute Herr der Bilder dieses Landes«, schrieb der italienische Schriftsteller Giorgio Manganelli, als er kürzlich Angeln bereiste. Viele werden ihm recht geben, wenn sie unter dem übermächtigen Himmel stehen, der zu diesem Land gehört. Andere werden sich lieber Theodor Fontane anschließen, der eine ganz andere Stimmung beschrieb, als er Mitte des vorigen Jahrhunderts die Gegend kennenlernte und notierte: »Wer die Landschaft Angelns an schönen Maitagen passiert hat, wenn abwechselnd Sonnenglanz und leiser Nebel über die Felder ziehen, wird nicht länger zweifeln an den landschaftlichen Vorzügen dieser viel bevorzugten Gegend.« ●

Jenseits der Grenze

Ein Steinwurf *w*eit
liegt Dänemark

Felder, Wiesen und ein blauer Sommerhimmel bestimmen das Bild am dänischen Ufer. Das weiße Schloß in Gravenstein erwacht zu höfischem Leben, wenn die dänische Königin ihre Sommerresidenz aufsucht

Es war einer jener unvergleichlichen Junitage, die für eingeschworene Segler zu den schönsten des ganzen Jahres zählen. Das Wasser der Förde war von einem geradezu strahlenden hellen Blau, die Sonne schien warm, und der Wind wehte so stetig und kräftig, daß unser Boot durch die Wellen zu fliegen schien. Auch die Farben an den Ufern hatten alle Vorsicht verloren und waren so leuchtend grün, rapsgelb und dunkelbraun, daß man versucht war, der Förde das Attribut der schönsten Landschaft Deutschlands zu verleihen. Ein Irrtum, den wir bemerkten, als unser Skipper mitten auf der Förde sagte: »Hier etwa verläuft die Grenze nach Dänemark, und von jetzt an müßte man korrekterweise von einer der schönsten dänischen Gegenden reden.«

Beneidenswerte Grenzgänger sind die Segler allemal. Wer mit seinem Boot über die Förde fährt und dabei die imaginäre, in der Mitte des Wassers verlaufende Markierungslinie passiert, den hält kein Schlagbaum und keine Kontrolle zurück. Wasser bleibt Wasser, und auch der Wind bläst diesseits und jenseits der Grenze auf die gleiche Art.

Ganz anders erleben die Autofahrer den deutsch-dänischen Grenzübergang Padborg, wenn sie in langen Schlangen dieses wichtige Tor nach Skandinavien passieren. Mehrspurig und ausbetoniert, von Zollgebäuden und Verwaltungsbauten flankiert und mit Schlagbäumen versehen, wirkt dieser Übergang amtlicher, als er es tatsächlich ist, und läßt leicht vergessen, daß diese Grenze wie keine andere in Deutschland für Einsicht, Toleranz und den Willen zur Verständigung steht.

Wer sie allerdings nicht nur überfahren, sondern auch verstehen will, der muß sich zurückversetzen in eine Zeit, als der Satz »Op ewig ungedeelt« mehr war als ein auf Urlauberpostkarten abgedruckter Wahlspruch und ein Bekenntnis bedeutete, um das erbittert Kriege geführt wurden.

Zeugnis einer einst heftig umstrittenen Grenze ist der kleine Übergang Schusterkate. Seit 1920 verläuft hier die Trennlinie zwischen Deutschland und Dänemark. Heute ist diese Grenzstation nur noch an Wochenenden im Sommer geöffnet, damit Wanderer und Radfahrer passieren können

Um das Herzogtum Schleswig, das etwa von der Eider bis an die Königsau im heutigen Jütland reichte, hatte es immer schon Auseinandersetzungen gegeben. Dieses Gebiet war als Korridor zum Norden ebenso wichtig wie als Landbrücke zum Süden. Da es in einem besonderen Spannungsfeld lag, war Schleswig stets ein Spielball der Mächte gewesen und Schauplatz erbitterter Schlachten, die sich meist auf den sandigen, heidekrautbewachsenen Geestflächen abspielten. »Die Heiden sind der Schlachtengrund des Landes«, schrieb Theodor Fontane, »hier wurden durch ein Jahrtausend die Schlachten zwischen Nord und Süd geschlagen.« Eine Frage wurde bei diesen Kämpfen allerdings niemals geklärt – zu welchem Volk sich die Menschen hier selber zählten. Mal fühlten sie sich dänisch, ein andermal deutsch, und dann wieder bildeten sie zusammen mit den Holsteinern eine weitgehend autonome politische Einheit.

Im südlichen Schleswig entschied man diese Frage so: »Wir sind dänisch gewesen und deutsch geblieben.« Dieser Satz, der für das südliche Schleswig galt, wo man bis ins 19. Jahrhundert hinein dänisch sprach, sich aber trotzdem eher Deutschland zugehörig fühlte, verlor seine Gültigkeit, je weiter nach Norden man im Herzogtum kam. Dort hieß der Wahlspruch: »Vi bliver danske.« Und wenn für die Südschleswiger Jütland ein düsteres, in Dunkelheit und Ödnis liegendes Land war, so lebten Deutsche und Dänen im Herzogtum doch weitgehend friedlich nebeneinander her und bildeten dank der vielfältigen geschäftlichen und persönlichen Verbindungen letztlich auch eine Interessengemeinschaft. Das sollte grundlegend anders werden, als im Zuge des aufkommenden Nationalismus die Gegensätze aufbrachen und die meisten Schleswiger von dem durch die Verbindung mit Napoleon hochverschuldeten Dänemark loskommen wollten. Man besann sich auf seine Zugehörigkeit zu Holstein und kämpfte vehement um den Anschluß an Deutschland. Diesen Bestrebungen, die in der schleswig-holsteinischen Erhebung von 1848 gipfelten, widersetzten sich die Dänen, zogen ihr Heer in Schleswig zusammen und schlugen in der Schlacht bei Idstedt (1850) die Schleswig-Holsteiner vernichtend. Nach diesem Sieg wurden die Grenzen nach Süden verlegt. Sie verliefen jetzt an der Schlei und zogen sich bis nach Dithmarschen hinein. In den Dörfern und Städten wehte nun der Danebrog, und die Verwaltungssprache war ebenso wie die Schulsprache dänisch, was einen so bekannten Dichter wie Theodor Storm ins Exil nach Preußen trieb.

Hier gehen Deutschland und Dänemark ineinander über. Die Bucht von Wassersleben hat schmale Strände und einen bis ans Ufer heranreichenden Buchenwald

Frieden kehrte lange nicht ein. Der Freiheitskampf ging weiter, und der Spruch »Op ewig ungedeelt« wurde zum geheimen Losungswort. 1864 gab es dann erneut Krieg, und diesmal waren es die Preußen und die Österreicher, die im tiefen Winter in das Land einmarschierten, um das Herzogtum Schleswig zu erobern. In bitterer Kälte und bei dichtem Schneetreiben wurden die Dänen in der Schlacht bei Oeversee geschlagen und zurückgetrieben bis zu den Düppeler Schanzen in der Nähe Sonderburgs. Als es hier nach dreiwöchiger Belagerung am 18. April 1864 zur Entscheidungsschlacht kam, lief diese wie ein gewaltiges Schauspiel ab: Mit Musik und Getöse schlugen die verbündeten preußischen und österreichischen Truppen auf die zahlenmäßig unterlegenen Dänen ein und richteten schließlich die preußischen Fahnen auf den Schanzen auf. Noch heute kann man die Gräber der gefallenen jungen Soldaten sehen – in Flensburg auf dem »Alten Friedhof« sind die Toten beerdigt worden. Sie starben für eine Grenze, die Bismarck nun etwa hundert Kilometer weiter nördlich auf der Höhe von Ribe und Kolding zog. Statt des Danebrogs wehte nun die schwarz-weiße Preußenfahne überall im Land, und es war an den Dänen und den dänisch gesinnten Nord-Schleswigern, sich gegen die fremde Macht zu wehren. Daß sie das ganz besonders verbittert taten, lag an einer im Prager Friedensvertrag von 1866 enthaltenen Klausel, die nicht eingehalten wurde. Dieser »Paragraph 5« erkannte jedem das Recht zu, sich frei für seine Staatsangehörigkeit zu entscheiden. Daß Bismarck diesen Paragraphen für null und nichtig erklärte, führte zu einem geradezu schweijkhaften Protest, dem in seiner scheinbaren Arglosigkeit kaum beizukommen war. So strichen die dänischen Bauern jetzt mit Vorliebe die Scheunentore in den Farben der dänischen Flagge oder schickten an Kaisers Geburtstag ihre Kinder in zerfetzten und alten Kleidern in die Schule. Besonders listige Gastwirte gaben ihrem »Kro« einen neuen Namen und nannten ihn »Paragraph 5«.

Nach der Schlacht auf den Düppeler Schanzen im Jahre 1864 richteten die siegreichen österreichischen und preußischen Truppen ihre Fahnen auf. In der kleinen Bucht bei Skelde erinnert nichts mehr daran, daß um diesen Landstrich einst blutige Kriege geführt wurden

Doch trotz dieses Widerstands gingen 56 Jahre ins Land, ehe ein weiterer Krieg zu einer neuen Grenzverschiebung führte. Erst als die Dänen nach dem Ersten Weltkrieg die Grenzregelung in den Versailler Vertrag aufnehmen ließen, kam es im Jahre 1920 zu einer Volksabstimmung in dem umstrittenen Gebiet. Wie von vielen erwartet, entschied sich Südschleswig für den Verbleib im Deutschen Reich, während der Norden des Herzogtums für die Zugehörigkeit zu Dänemark votierte. Die Grenzen wurden auf den heutigen Verlauf festgelegt und die Förde mittendurch geteilt. Daß auch diese Lösung anfangs zu erheblichen Konflikten führte, lag an den großen Minderheiten, die bis heute diesseits und jenseits der Grenze leben. Denn immerhin hatten 12859 Südschleswiger für Dänemark und 25329 Nordschleswiger für Deutschland gestimmt – und sie mußten nun gegen ihren Willen die Nationalität wechseln. Dieses Problem wurde erst nach dem Zweiten Weltkrieg gelöst, als Bundeskanzler Adenauer und der dänische Außenminister Hansen gemeinsam einen für alle akzeptablen Vertrag über den Minderheiten-Schutz aushandelten. Der Satz »Das Bekenntnis zum dänischen (deutschen) Volkstum und zur dänischen (deutschen) Kultur ist frei und darf von Amts wegen nicht bestritten noch nachgeprüft werden« sicherte jedem das Recht zu, seine Nationalität frei zu wählen. Erst seit »Däne ist, der sagt, daß er einer sei« und seit man in Südjütland Deutscher per Votum sein kann, ist Frieden in diesem Grenzland eingekehrt. Und wenn auch manche Vorbehalte geblieben sind und man in Flensburg die eine oder andere ironische Bemerkung hört, die hinter der Grenze auf dänisch ganz ähnlich klingt, so ist der alte Streit doch ausgeräumt und die Grenze längst zu einer Selbstverständlichkeit geworden. Alle vier Jahre werden die Bundesbürger bei der Landtagswahl in Schleswig-Holstein an dieses besondere deutsch-dänische Verhältnis erinnert, wenn die Stimmen der dänischen Minderheit ausgezählt werden, die politisch im »Südschleswigschen Wählerverband« zusammengeschlossen ist. Und wenn dieser SSW in der Landespolitik auch nicht ins Gewicht fällt, so hat die Partei in Flensburg doch einen anderen Stellenwert. Hier hat die dänische Minderheit im Stadtrat immerhin 9 von 43 Sitzen. Sie gibt eine eigene

Wenn Schiffe in den schmalen Alsensund bei Sonderburg einfahren wollen, dann öffnet sich die Klappbrücke am Hafen. Sonderburg lebt von seinem Hafen und der günstigen Lage als Einkaufsstadt

dänische Zeitung heraus, hat ihre eigene Kirche und betreibt Schulen und Kindergärten in eigener Regie. Daß es gerade die Kindergärten der dänischen Minderheit waren, die Flensburg im Zweiten Weltkrieg vor einem verheerenden Bombardement bewahrten, haben die Bürger nicht vergessen. Denn die Tatsache, daß die Alliierten diese dänischen Einrichtungen nicht zerstören wollten, rettete die Stadt und läßt sie heute noch so aussehen wie zu der Zeit, als Flensburg noch das Zentrum des Herzogtums war und die Sonderburger Kaufleute mit dem Einspänner ebenso zu ihren Geschäften nach Flensburg fuhren wie die Flensburger nach Sonderburg, ohne daß ein Schlagbaum sie aufgehalten hätte.

Wer heute die Grenze passiert, sucht denn auch voller Spannung, was es an Trennendem in diesem einstmals zusammengehörenden Landstrich gibt. Daß sich dies nicht im königlichen Zollwappen, in der anderen Sprache, der fremden Währung und der verminderten Höchstgeschwindigkeit auf Autobahnen und Fernstraßen erschöpft, stellt man bald fest, wenn man die vielen Sex-Shops und Möbelläden hinter sich gelassen hat und gemächlich auf einer der silbrig glänzenden Landstraßen entlang fährt. Tatsächlich fängt hier ein anderes Land an – 66 Jahre sind eine lange Zeit für Veränderungen. Irgendwie wirkt alles gediegener und großflächiger als in dem viel dichter besiedelten Deutschland, die Bäume scheinen stärker zerzaust zu sein, die Gärten sind bunter und die Menschen anders gekleidet als jenseits der Schlagbäume. Und wenn es auch vielleicht Einbildung ist, daß die Frau an der Tankstelle in Apenrade anders lächelt als die Kassiererin an der Tankstelle in Flensburg – den meisten Menschen im Grenzbereich sieht man auf den ersten Blick an, ob sie diesseits oder jenseits der Grenze leben.

Auch den fünf warm angezogenen Frauen, die am Anleger von Kollund-Mole warten und sich auf dänisch unterhalten, merkt man an, daß sie in Häusern wohnen, die mit Spitzengardinen verziert sind – und nur einen Abstecher ins Nachbarland machen. Siebenmal am Tag fährt von Kollund aus eine kleine Fähre nach Flensburg, wo Schnaps, Lederwaren und viele Lebensmittel billiger sind. Die Dänen wiederum locken die Deutschen mit zollfreiem Einkauf auf die Schiffe und in ihre Küstenorte – die Förde hat einen regen Bootsverkehr.

Ein besonders schönes Schiff dampft gerade in Richtung Gravenstein, als wir den »Fjordvej« entlang fahren und uns über den weiten Blick aufs Wasser hinaus freuen. Diese Straße am Ufer, auf die man nur kommt, wenn man hinter Krusau in Richtung Kollund abbiegt, ist so geschickt in die Landschaft eingefügt, daß sie durchaus mit dem Wanderweg von Flensburg nach Glücksburg auf der anderen Seite der Förde vergleichbar ist. Doch während das bewaldete Südufer mit seinen geheimnisvollen Durchblicken geradezu majestätisch wirkt, liegt dieses Land wie ein aufgeschlagenes Bilderbuch da, in dem ein

Maler alles zusammengezeichnet hat, was ihm zum Thema »Bauernland« eingefallen ist: saftige Wiesen, reife Felder, braune Äcker, kleine Waldstücke, hohe Bäume, schwarzweiße Kühe und rotglänzende Pferde. Und weil ihm das alles noch nicht bunt genug erschien, zeichnete er auch noch eine knallblaue, glänzende

Wer in den Sommermonaten auf die Ochseninseln fahren will, der braucht nur an der Glocke zu läuten, ein Fährmann holt ihn dann ab. Drüben wartet eine Gastwirtschaft auf Besucher

Wasserfläche als Hintergrund und darüber einen unendlich hohen Himmel voller Haufenwolken. Die vielen Höfe und Katen mit dem rot-weißen Danebrog scheint er zum Schluß gemalt zu haben, um sie genau an die Stelle zu setzen, die für sie gemacht schien.

Auch der Bauernhof auf der größeren der beiden Ochseninseln gegenüber von Sandager sieht mit seinen 250 Jahre alten Linden aus wie ein verwittertes Bild aus vergangener Zeit. Unter den hohen Bäumen fast verborgen wirkt der Hof so weit vom Festland entfernt, daß man unwillkürlich anfängt, Geschichten in dieses Haus hineinzudichten. Welche Dramen mögen sich hier abgespielt haben, und wer stand in wilden Sturmnächten am Fenster und blickte auf das unerreichbare Land, wenn die Fluten über das Ufer schwappten? Seit Jahrhunderten haben hier nur die Mitglieder einer einzigen Familie gewohnt, und sie haben die Einsamkeit immer als ihre Alltäglichkeit empfunden. Der Bauer Clausen wehrte sich denn auch, als man seine Kinder nach Einführung der Schulpflicht zum Unterricht holen wollte. Lesen und Schreiben spielten auf den Ochseninseln keine Rolle, meinte er, denn hier seien ganz andere Fertigkeiten wichtig. Auch heute noch werden die Inseln von einer einzigen Familie bewohnt, den Isaacks, die eine kleine Gastwirtschaft, eine Bootswerft und Landwirtschaft betreiben. Ihr Hof ist seit vielen Jahren zum Treffpunkt für Segler geworden, nachdem er früher ein beliebter Ausflugsort der Flensburger war. Und wenn man heute den einen oder anderen Flensburger fragt, was er bei dem Gedanken an den Verlust des Nordufers empfinde, so sind es vor allem die älteren, die mit versonnenem Blick sagen: »Es sind die Ochseninseln, die nicht mehr zu uns gehören und die für uns immer mehr waren als nur ein Ausflugsort.« Das immerhin sind sie geblieben, und geblieben sind sie auch ein Symbol für die besonderen Lebensbedingungen an der Förde, verbinden sie doch die Einsamkeit abseits gelegener Inseln mit der Bodenständigkeit bäuerlichen Daseins.

Seeleute und Bauern haben in dieser Gegend denn auch immer vertrauter miteinander gelebt als anderswo. Das riesige Feld voller Grün- und Rotkohl ein paar Kilometer weiter östlich bei Rinkenaes ist für den draußen auf der Förde fahrenden Fischer eine selbstverständliche Kulisse. Schon 1864 notierte ein Reiseschriftsteller bei seinen Streifzügen durch Sundewitt: »Nirgends tritt der Schiffer und Seemann in so unmittelbaren Verkehr mit dem Bauern und Landmann wie hier.«

Die Kirchen bezeugen es noch heute. In der schneeweiß getünchten Kirche von Rinkenaes hängt an schweren Tauen über dem Mittelgang ein meterlanges Dreimaster-Modell, das mit all seinen Wanten und Masten, seinen Schoten und Winden an eine Zeit erinnert, in der man in dieser Kirche den Trauergottesdienst für so manchen im Sturm verschollenen Seemann hielt. Die Kirche, auch innen weiß geschlemmt, besticht durch ihre Schlichtheit. Doch daß man im praktischen Dänemark auch an die Schwächen der Menschen denkt, zeigt ein im Vorraum aufgehängter kleiner Spiegel, der den Frauen die Möglichkeit gibt, ihre vom Wind zerzauste Frisur in Ordnung zu bringen. Denn der Wind ist ihr ständiger Begleiter.

Weit leuchten die weißen dänischen Kirchen über das Land. Die Treppengiebelkirche von Rinkenæs diente den Seeleuten auf der Förde als Orientierungspunkt

Die Nähe der Natur hat schon immer Künstler angelockt. Es verwundert denn auch nicht, daß sich hier am buchtenreichen Nordufer der Förde mit seinem weiten hohen Himmel und seinen kleinen Orten ähnlich wie in Worpswede eine Künstlerkolonie zusammenfand, die als »Ekensunder Kreis« bekannt geworden ist. Vor allem Flensburger Maler waren es, die in den 80er Jahren des letzten Jahrhunderts hier lebten, um die Besonderheiten der Landschaft, die Schönheiten des Fördesommers und die malerischen Ortschaften mit ihren typischen Ziegelhäusern im Bild festzuhalten. Die Ziegel, deren eigentümliche Ornamentik viele Künstler nachzuvollziehen versuchten, werden heute noch in der Gegend um Ekensund gebrannt und bestimmen immer noch das Bild in vielen Ortschaften.

Immer wieder besticht die urtümliche Schönheit der Strände

In Sonderburg findet alljährlich das größte Ringreiter-Treffen Europas statt.

Nicht als roter Ziegelbau, sondern strahlend weiß verputzt liegt plötzlich das Schloß von Gravenstein vor uns, das den idyllischen Fähr- und Segelort weltberühmt gemacht hat – nachdem früher schon die hier gezüchteten Gravensteiner Äpfel das Städtchen in Feinschmecker-Kreisen bis nach Rußland hinein zum Begriff werden ließen. Heute geht der Name »Graasten«, wie die Gemeinde auf dänisch heißt, vor allem in den Sommermonaten durch die Gazetten, wenn die dänische Königin Margarethe in ihrer Sommerresidenz weilt, weil sich dann in dem riesigen Schloß und dem naturbelassenen Park voller uralter Bäume und kleiner Teiche ein buntes Treiben entfaltet. Doch als wir zu dem Schloß kommen, ist Winter, und tiefer Schnee bedeckt den Park und den Schloßhof. Die Fenster sind verschlossen, und die schmalen Wachhäuser stehen leer. Sommer, Feste, Ausgelassenheit, Blumen und der Duft nach Heu tauchen in der Vorstellung auf und verblassen wieder. Nur ein verlassenes Spielgerät erinnert an sommerliche Tage.

Einen heißen Sommertag sollte man sich auch vorstellen, wenn man dem alten Ochsenweg folgt, der früher über die Halbinsel Broager nach Süden führte. Hier trieben Ochsentreiber ihre Herden entlang und banden in der sommerlichen Hitze die Holzschuhe an die Hörner der Tiere. Über diesen Weg, an dem stellenweise noch die alten Knicks erhalten sind, zogen sie mit Herden von 50 oder 60 jütischen Rindern nach Süden, um sie im fernen Rheinland als Schlachtvieh abzuliefern. Steht man heute auf dem Platz, von dem früher die Tiere auf große Flöße verladen und über die Förde gesetzt wurden, erinnert freilich nichts mehr daran, daß die Luft einstmals erfüllt war von dem dumpfen Brüllen und dem Scharren der Tiere. Erst als am Abend das Licht in einer fast 200 Jahre alten Kate am Ufer angeht, ruft dieses kleine windschiefe Haus die Erinnerung wach und füllt diesen menschenleeren Platz mit Leben.

Ein paar Kilometer weiter östlich liegt das anheimelnde Sonderborg. Wer auf die kleine Hafenstadt zufährt und den Blick über die Brücke auf die am schmalen Sund liegende Stadt wirft, wird zunächst erschrecken vor einem bombastischen Krankenhaus-Neubau, der das Stadtbild beeinträchtigt. Wenn er dann aber am Hafen steht, wo sich jedes Schiff zum Ozeanriesen aufbaut, und wenn er weiter an dem heute als Museum eingerichteten Schloß vorbei in die Stadt hineingeht, wird er sich gewiß ein bißchen bei Hans Christian Andersen, aber auch bei cleveren dänischen Kaufleuten zu Gast fühlen, die ihre Stadt zu einer von den Deutschen viel besuchten Einkaufsquelle dänischer Wohnkultur und dänischer Gebrauchskunst gemacht haben. Ganze Wagenladungen werden von hier fortgeschleppt, wenn die Förde-Nachbarn in Scharen anrücken. Meistens versäumen sie auch nicht, in Sonderborg eines der kleinen Restaurants zu besuchen, in denen es neben guten Fischgerichten viel Behaglichkeit durch verschwenderisch aufgestellte Kerzen und ein gutes frisches Bier vom Faß gibt. Auch steht statt der abgemessenen Tasse Kaffee stets die ganze Kanne auf dem Tisch – ein weiterer Grund, eine halbe Stunde länger zu bleiben als man eigentlich wollte.

Doch wie gemütlich es auch immer in Sonderborg ist: Man hat das Nordufer nur halb erlebt, wenn man die Insel Alsen ausläßt, an deren Anfang Sonderborg, in deren Mitte Augustenborg mit seinem schönen Schloß und an deren Ende Nordborg liegt. Das grüne, vom Fördewasser umspülte Alsen ist eine Insel, auf der einst der Sommer erfunden worden sein muß. Vor allem wer auf die kleine an Alsen angehängte Halbinsel Kegnaes fährt, wird, sobald er den schmalen Damm überquert hat, sein Auto abstellen, sich in eine Wiese legen und zufrieden den Duft des herben Grases einatmen. Hier, wo es ohnehin nicht mehr weitergeht, kommt die Sehnsucht nach fernen Ländern und weiten Reisen schnell zur Ruhe. Und wenn sich dann der Duft der reifen Felder mit dem Geruch von Tang vermischt, wenn ein Schwarm kreischender Brandenten aus dem blauen Fördewasser auffliegt und wenn Margeriten und Kamille sich am Wegrand leise im Wind bewegen, dann hat man Schwierigkeiten, nicht ins Schwärmen zu geraten. Das aber, meint der Schriftsteller Siegfried Lenz, der im Sommer fast immer auf Alsen lebt, sei nicht angebracht. Selbstkritisch schreibt er: »Ich gerate ins Schwärmen, und gerade das ist es, was einem auf dieser Insel nicht nahe gelegt wird, vorausgesetzt, daß es eine Möglichkeit gibt, wortlos zu schwärmen.« Es gibt sie, wenn man, wie Lenz, immer wieder auf diese Insel zurückkommt und sich von der Gegensätzlichkeit der deutschen und dänischen Mentalität gefangen nehmen läßt. Denn obwohl hier wie dort dieselben Blumen blühen und hier wie dort die Felder dieselbe Ernte bringen, so ist es doch ein anderes Land. Über Alsen liegt ein anderer Zauber als über dem bäuerlichen Angeln, ohne daß man sagen könnte, welcher Landstrich der schönere ist.

Und so sei zum Schluß dieses Ausflugs an das Nordufer ein Flensburger zitiert, der mir sagte: »Ich weiß, daß es immer noch viele Menschen diesseits der Grenze gibt, die sich mit der Geschichte nur schwer abfinden können. Ich aber freue mich darüber, daß vor meiner Haustür ein fernes Land liegt, in dem ich mich dennoch so zu Hause fühle wie in meinem eigenen.« ●

Ob dies- oder jenseits der Förde: Die Verbindung von Wasser und Land ist selten so gut gelungen wie entlang der Förde. Blick von der Steilküste Holnis auf die benachbarten Ufer

Unseren Dank

sagen wir allen Beteiligten für die freundliche Unterstützung.
Anerkennung gilt besonders Herrn Udo Brandhorst, der das Werk künstlerisch begleitete und durch sein persönliches Engagement entscheidend zur Realisierung beigetragen hat.

Der Verlag

Die Fotografen:

Boockhoff, Irk, Seite 34/35, 37
Brandhorst, Udo, Titel rechts unten, Seite 29, 45, 102/103, 106 oben
Buchhorn, Hans-Jürgen, Seite 82 unten, 82/83, 91
Cordsen, Herbert, Seite 18, 46, 48, 67, 108
Grätsch, Günter, Seite 24, 73
Grope, Sven, Seite 8/9, 13, 47, 53, 54, 55, 64/65, 66, 74 rechts, 96, 98, 99, 100/101, 106/107, 114/115, 116/117, 119, 122
Jankowsky, Horst W., Seite 20/21, 41 oben
Jessen, Nis-Peter, Titel links unten, Seite 44, 56/57, 68/69, 78 unten, 90, 94/95, 109
Klang, Heinrich, Titel oben, Seite 11 (Freigabe-Nr. SH 557-165), 14/15, 19, 31 (Freigabe-Nr. SH 557-166), 38/39, 40, 76/77, 86/87, 89
Kühnel, Günther K., Fotodesign, Seite 62, 63
Langholz, Hans-Wilhelm, Seite 26/27, 41 unten (Freigabe-Nr. SH 451), 42/43 (Freigabe-Nr. SH 451), 50/51, 52, 70/71, 74 links, 92/93 (Freigabe-Nr. SH 451), 110/111, 113, 120/121, 125
Plaumann, Karl, Seite 78 oben
Remmer, Gerd, Fotostudio, Seite 10, 12, 16, 22/23, 28, 58/59, 60/61, 72, 112
Schwiewager, Holger, Seite 50 unten, 79 unten, 85, 88, 97
Smesny, Peter, Seite 17
Teufel, Heinz, Seite 75, 79 oben, 80, 84

Für die Fotos auf Seite 26 oben, 32/33 und 36 danken wir der Förde-Reederei.

Zum Thema

schleswig-holsteinische Landschaft sind
u. a. in unserem Verlag erschienen:

»Angeln – von der Förde bis zur Schlei«

(u. a. Gebiete wie Arnis, Bienebek, Lindau, Sörup/Südensee)

»An der Küste Angelns und Nordschwansens«

(u. a. Gebiete wie Halbinsel Holnis, Geltinger Birk)

In beiden Bänden werden verschiedene Gebiete und Sehenswürdigkeiten vorgestellt. Sie geben Abrisse zur Geschichte der Regionen, behandeln ausführlich die Vogelwelt und gehen auf seltene Pflanzenarten ein. Viele Abbildungen und Karten runden die von Fachautoren geschriebenen Berichte ab.
Die Wanderführer sind eine Bereicherung für jeden Natur- und Wanderfreund.

112 Seiten, kartoniert

»Sylt« ein Fotobildband im Großformat

von Nis-Peter Jessen und Anne Leier

Brillant wiedergegebene Motive zeigen die Kontraste dieser Insel.
Das weit über einen normalen Fotoband hinausgehende Werk ist von hervorragender Qualität und Ausstattung.

120 Seiten, Ganzleinen

»Vertrautes Gefühl«
Augenblicke einer Landschaft

In einer glücklichen Verbindung von lyrischen Texten und verhaltener Bildsprache hat der Autor Hans-Jürgen Buchhorn hier einen Fotoband mit schönen Aufnahmen vom Alltag der schleswig-holsteinischen Landschaft, ihrer Menschen und Tiere geschaffen.
Das Buch, von dem die Presse sagt »... eine Kostbarkeit, die man gerne besitzen mag und an der man sich immer wieder erfreuen kann.«

68 Seiten, kartoniert

sdv Schleswiger Druck- und Verlagshaus